# 幼儿园3年，妈妈如何引导孩子

## 一个幼儿园老师写给家长的育儿笔记

赵红艳 著

朝华出版社
BLOSSOM PRESS

图书在版编目（CIP）数据

　　幼儿园3年，妈妈如何引导孩子：一个幼儿园老师写给家长的育儿笔记 / 赵红艳著. -- 北京：朝华出版社，2017.9（2021.6重印）

　　ISBN 978-7-5054-4035-7

　　Ⅰ.①幼… Ⅱ.①赵… Ⅲ.①学前儿童－家庭教育 Ⅳ.①G781

　　中国版本图书馆CIP数据核字(2017)第156155号

幼儿园3年，妈妈如何引导孩子——一个幼儿园老师写给家长的育儿笔记

作　　者　　赵红艳

选题策划　　王　剑
责任编辑　　楼淑敏
责任印制　　陆竞赢
封面设计　　形式书籍

出版发行　　朝华出版社
社　　址　　北京市西城区百万庄大街24号　　　　　邮政编码　　100037
订购电话　　（010）68996618　68996050
传　　真　　（010）88415258（发行部）
联系版权　　j-yn@163.com
网　　址　　http://zhcb.cipg.org.cn
印　　刷　　三河市三佳印刷装订有限公司
经　　销　　全国新华书店
开　　本　　710mm×1000mm　1/16　　　　　　　字　　数　　181千字
印　　张　　14.25
版　　次　　2017年9月第1版　2021年6月第3次印刷
装　　别　　平
书　　号　　ISBN 978-7-5054-4035-7
定　　价　　32.00元

# 前言

在我身边有很多朋友，他们的孩子正处在3~6岁的幼儿园年龄段。这些家长有着自己的坚持，也有着自己的困惑。

以前，3~6岁的孩子往往在家中教养，但是在现代教育中，这一年龄段的孩子要在幼儿园里度过。幼儿园是孩子接触的第一个小社会。孩子第一次脱离父母的怀抱，进入一个陌生的团体中生活。幼儿园这个小集体对孩子的影响绝对超出家长的想象。孩子在这个小社会中，开始接触到更多的人，眼光不再局限于爸爸妈妈或是爷爷奶奶，他们在这种集体生活中初步形成与人分享、与人合作、尊重他人的良好品质，并逐渐培养起集体意识，逐步适应社会生活。

待在幼儿园的3年，可能会是孩子们一生中最关键的时期，这样的机会有且只有一次。

幼儿园阶段是孩子大脑发育的关键期，这一阶段孩子的智力发展最为迅速；幼儿园阶段是孩子语言能力的爆发期，他们能很轻易接受和掌握各种复杂的表达技巧；幼儿园阶段也是认知能力发展的关键期，这时孩子的理解能力、表达能力以及逻辑思维能力将迅速发展，个人喜好和气质也逐渐形成；幼儿园阶段还是人际交往的分水岭，孩子开始去尝试发展友谊、融入小集体和形成自己的社会属性。

所以，我倡议在家庭教育中，一定要牢牢把握孩子的幼儿园阶段，抓住孩子能力发展的关键期，这样也就找到了3~6岁孩子的正确教养方法。

对孩子而言，父母永远是榜样、是教练、是朋友、是引路人。所以，面对快速的生活节奏、面对各种社会压力，如何给孩子一个高质量的幼儿时代，与孩子形成良好互动，是每位父母都应该思考的。

我身边很多父母都在努力和孩子进行这样的互动。她们大多是职场妈妈，虽然她们的工作非常忙，但是并没有疏忽孩子的成长。有这样一位妈妈，她是编辑，大多在晚上工作，可是她儿子所在的幼儿园要求每天晚上进行亲子共读。为了完成这个作业，妈妈开始试着调整自己的工作时间，每天晚上给孩子讲故事。一段时间之后，孩子各方面的进步都非常明显，尤其是在认知和语言表达能力方面有了很大进步。看到这些，妈妈非常欣慰，并且深受鼓励。在他们母子的共同坚持下，在幼儿园的3年时间里，他们一共读了将近200本书。

高质量的幼儿时代就应该是这样的。在自然的状态下，孩子的潜能才能最大限度被开发。要做到这点，父母和幼儿园的努力都必不可少。所以，身为父母，不能将孩子抛给幼儿园，更不要认为幼儿园应该负责孩子的一切，而是要用心观察和关注孩子，并认真甄别各种教育方法，找出最适合自己孩子的。这其中最重要的在于，我们自己是否是一个能读懂孩子的家长。只有我们懂得"孩子的那些事儿"，孩子才会真正信任我们、接纳我们，从而健康成长。

这本书主要针对幼儿家长，对学龄前这个特定年龄阶段的养育问题进行了一一解读和深入的剖析，对孩子在幼儿园可能出现的各种问题进行归纳总结，并通过大量生动、活泼、真实可靠的案例，进行了客观、细致的分析，并提出了实用的解决方案。

在此，希望能有更多年轻的父母工作之余用心关注孩子的成长，也希望父母们保持一份清醒和理智，不敷衍、不焦虑，有所为有所不为，给孩子一个高质量的幼儿时代。

当你的孩子的成长状态越来越好时，连同我，大家都将备感欣慰。

# 目录

## 第一章 幼儿园对孩子的一生意味着什么

幼儿园3年是孩子一生中最关键的时期。这一阶段，孩子的大脑迅速发育，智力迅猛发展，性格和习惯也在逐渐定型和养成。

幼儿园是孩子真正独立的开始。他们第一次挣脱父母的怀抱，努力克服入园的分离焦虑和各种恐惧。同时，在幼儿园里很多事情也需要自己动手，这对孩子来说是个很大的考验。在这3年里，孩子需要独自面对一个全新的、具有社会性的环境，这样的生活对他们的影响，绝对超出父母的想象。

## 第二章　最关键的事：如何让你的孩子开开心心去幼儿园

看着孩子小小的身影走进幼儿园大门，父母难免心疼不舍，甚至落泪，更别提从未离开过父母的孩子们。依恋是再正常不过的事情，初上幼儿园最关键的事就是如何让孩子开开心心上学去。

提早半年做准备，一个长期的心理建设会让孩子适应得更快更好；各个阶段的分离焦虑，都是孩子必经的成长之痛，而我们的细心呵护则是最好的止痛良方。

## 第三章　入园六大核心难题：孩子闹情绪，妈妈怎么办

孩子上幼儿园时正处于叛逆情绪的多发期，家长们招数用尽，效果却不甚理想，这时外人的帮助是非常有必要的。但是孩子进入幼儿园，绝不意味着我们终于摆脱了"小恶魔"，而是我们又多了一个非常能干的帮手——幼儿园老师。

有些话，老师说了，孩子更愿意听；有些事情，老师会更有办法。我们关注孩子在幼儿园的表现，与老师一起攻克孩子在这个阶段出现的种种难题。

## 第四章　了解幼儿园生活：活动是孩子的全部任务

幼儿园的教育内容可以概括为五大领域——健康、语言、社会、科学、艺术。这个阶段孩子的身心特点决定着教育内容应该是全面的、启蒙性的，五大领域以活动和游戏为主要教学手段，相互渗透，从不同的角度促进孩子情感、态度、能力、知识、技能等方面的发展。

让孩子健康茁壮成长，能力有所提升，知识有所延展，情感有所丰富，是幼儿园的责任，也是家长的责任。为了达到上述目标，家长们和老师一样，任重道远。

# 第五章  引导孩子学会与小朋友沟通，发展社交能力

"《弟子规》太简单了，数学分解也简单。我们园的孩子敢在主席台前讲话，能够完整地做出自我介绍，有很多会做微积分的大学生都做不到这一点。"

幼儿园首先是一个小社会、小集体，在此阶段，学会关注他人、了解周围的世界才是最重要的。引导孩子学会与小朋友交往，走出以前那个以自我为中心的襁褓世界，抛弃自私霸道、任性胆小、内向的个性，有你有我有他的世界更缤纷。

# 第六章  3～6岁阶段，孩子能力培养的关键期

孩子们不像大人一样，大人们看重的是竞争的结果，而孩子们更享受的是竞争的过程。对于孩子来说，竞争就是有趣的游戏。

3~6岁这个时期善加引导，不仅会让孩子理解竞争，而且还可以激发出孩子的各种潜能。良好的竞争可以锻炼孩子们集中注意力，让他们去尝试挑战自己，当然也培养了孩子们凡事都努力做到最好的品格。

## 第七章　3～6岁阶段，如何在家里培养孩子的好习惯

一切教育都归结为儿童习惯的培养，往往自己的幸福也都归结于自己的习惯。习惯是什么呢？是吃饭时的细嚼慢咽，是写字时的一笔一画，是做事时的专心致志，是拜访客人时的彬彬有礼。3岁的时候，我们习惯早睡早起；5岁的时候，我们习惯讲究卫生……

家庭是习惯养成的第一基地，而父母是习惯培养课堂上的第一任教师。长大后我们自身基本上所有的习惯都可以在幼儿园阶段找到影子。父母必须帮助孩子尽早养成各种好习惯，让他们以最佳的状态开始自己的学习和生活。

## 第八章　独立、自信、抗压：孩子受用一生的宝贵品质

在孩子人生的头几年里，他们能够看到、体验到、感受到，甚至释放掉的东西都可以叫作早期教养，而幼年生活奠定了孩子一生的基础。生活意志的强弱，是否具有竞争力这些都是文化教育与社会教育难以改变的，独立、自信、抗压，这3个让孩子受用一生的宝贵品质主要出现在幼年的家庭生活中。

父母给孩子一个宽松的成长环境，让孩子学会自己的事自己负责、自己解决，让孩子明白，任何人都有自己的使命和责任，任何人都不能推卸自己的责任，自己的人生自己负责，自己的未来自己做主。

## 第九章　妈妈的努力更重要

　　孩子能健康成长是妈妈一生的心愿，而妈妈送给孩子最好的礼物便是引导其健康成长。妈妈作为孩子的引导者，任重而道远。

　　好妈妈胜过好老师，好妈妈一定要扮演好自己的角色，这样才能给孩子最好的引导。但是很多妈妈都会感叹，做一个好妈妈太难了。知道了一种方法，可能却错过了另外一种方法；明确了一种技巧，可能忽略了另外一种技巧。生气又着急的妈妈呀，你的努力应该用在什么地方呢？

## 第十章　即将面临的问题：幼小衔接

6岁是幼小衔接最关键的一年，既是对幼儿阶段的总结，又开启后面的小学时代。不仅仅是老师要认清这一点，父母也要认识到这一年的重要性。把孩子送进学前班并不意味着早期家庭教育的结束，父母不能放松，更不能撒手不管。

这一年，一定要让孩子做到与父母"分离"，让孩子去适应小学新环境，完成从幼儿到学生的角色转换。这一年，父母要和老师做好配合工作，根据孩子的生理和心理特点对其进行教育，当好孩子的家庭辅导员。

第一章

# 幼儿园对孩子的一生
# 意味着什么

幼儿园3年是孩子一生中最关键的时期。这一阶段，孩子的大脑迅速发育，智力迅猛发展，性格和习惯也在逐渐定型和养成。

幼儿园是孩子真正独立的开始。他们第一次挣脱父母的怀抱，努力克服入园的分离焦虑和各种恐惧。同时，在幼儿园里很多事情也需要自己动手，这对孩子来说是个很大的考验。在这3年里，孩子需要独自面对一个全新的、具有社会性的环境，这样的生活对他们的影响，绝对超出父母的想象。

## 1. 幼儿园是孩子接触的第一个小社会

半年前，我开始筹划儿子上幼儿园的事情。我在一个月内考察了我家周边大大小小将近10个幼儿园。很多人并不理解我为何如此殚精竭虑。

"看你选一个幼儿园这么劳心劳力，用得着吗？我当时就选择了离家最近的那个。幼儿园，不就是看孩子嘛！"

我耐心地解释道："幼儿园是孩子接触的第一个小社会，他将在这个小社会中生活学习三四年，这个小社会的完善度影响了孩子的成熟度。因此，家长必须要慎重。"

84岁的卡皮查获得了诺贝尔物理学奖。在颁奖典礼结束后的晚宴上，有记者询问卡皮查："您在哪所大学、哪个实验室学到了您认为最重要的东西呢？"

卡皮查一生经历跌宕起伏，人们都以为他会说出某一段传奇经历。但这位白发苍苍的物理学家郑重地回答："是在幼儿园。"

开口询问的记者及很多在场的人都愣住了。记者又问："您在幼儿园学到些什么呢？"

卡皮查耐心地解释："把自己的东西分一半给小伙伴；不是自己的东西不要拿；东西要放整齐；吃饭前要洗手；做错了事情要表示歉意；午饭后要休息；要仔细观察周围的大自然。从根本上说，我学到的全部东西就是这些。"

"把自己的东西分一半给小伙伴"，这是分享。所有的科学成就都不是一蹴而就的，有的是站在巨人的肩膀上，有的来源于和同伴之间的分享交流。科学家最可贵的品质来源于幼儿园。

"不是自己的东西不要拿"，抛开名与利，守护属于自己的东西，不偷盗，这做人做事的准则，同样来源于幼儿园。

"吃饭前要洗手""东西要放整齐""午饭后要休息"，好习惯成就非凡人生，良好的习惯同样来源于幼儿园。

"要仔细观察周围的大自然"，尊重自然，这种求学的态度同样来源于幼儿园。

我们知道，人具有自然属性和社会属性。人的社会属性是人作为社会的一员以及集体活动中的个体时，在社会交往过程中获得的情感、性格以及处理人际关系等表现出的心理特征。人的社会性是逐渐形成的。孩子在与社会生活环境相互作用的过程中掌握社会规范，形成社会技能，确认社会角色，以独特的个性与人交往，相互影响，逐渐适应社会环境，最终完成社会化。

3岁以后，孩子自我意识发展，活动范围不断扩大，社会需求也越来越多，这就要求他们具备较强的适应能力。培养孩子的社会性，让孩子在集体生活中学会一定的交往技能，这不仅有利于增强孩子的自信心，还有助于培养孩子关心他人、与他人友好相处的良好品质。如果孩子的集体生活进行得比较顺利，就能促进孩子个性的健康发展，同时为孩子以后进入社会打下良好基础。

幼儿园是孩子接触的第一个小社会。他开始背上自己的小书包，尽管书包里并不会有太多的书；他开始接触到更多的人，眼光不再局限于爸爸妈妈或是爷爷奶奶。只有成为社会人，才能学会做人、做事。

也许有的家长会说，这一切我们也可以给予孩子。我的一个同事就抱着这样的想法，不仅幼儿园，甚至连小学都不想让孩子去上。

"现在幼儿园的教育叫教育吗？它能教孩子什么呢？"我的这位同事博学多才。当然，不可否认，他想要自己教育孩子也并非不可取。童话大王郑渊洁就把儿子郑亚旗从中学课堂中拉回了家。郑亚旗号称"正统小学毕业，自家私塾中学毕业"，2005年他重新策划了父亲郑渊洁的"皮皮鲁"系列丛书，创办了皮皮鲁总动员科技公司。

但是这样的私塾教育是有高要求的，父母不仅仅是父母，更要成为老师；不仅要有知识的支撑，更要有物质条件的支持。对于一般家庭来说，这是很难做到的。我们也许可以培养孩子的适应性，比如为他们找到同龄的玩伴，带他们去各地旅行，增长他们的见闻；我们也许可以为孩子营造一个教育同盟军的环境，我们身边的朋友、家人都可以成为孩子的老师。但是，在一所有成百上千人的幼儿园乃至其他阶段的学校中，接触到的形形色色的同学和老师，触碰到的丰富多彩的环境和氛围，是家长很难给予孩子的。

当然，还有的家长被近年来有关幼儿园的负面报道吓坏了：不称职的老师、不安全的食物、不靠谱的教学……

我们不可能陪伴孩子一辈子，也无法找到一个绝对安全的空间。即使在家中，也可能有意外发生。没有丰富经历的孩子永远也长不大，孩子终有一天要走向社会，融入社会，成为一个独立的人。要想你的孩子将来成为一个优秀的人，不仅要让他独自面对很多困难和挫折，而且还要让他通过自己的力量去克服困难、战胜挫折。帮助孩子成为这样的人，才是父母能够给予孩子的最深沉的爱。

幼儿园阶段是孩子成长的转折期，是培养孩子习惯和人格的关键时期，一旦错过就难以弥补。孩子第一次脱离父母的怀抱，进入一个具有社会性的团体中生活，这样的生活对孩子的影响，绝对超出父母的想象。

## 2. 当敏感期、叛逆期遇上幼儿园

去年春节，妹妹一家回老家过年。南方水土就是养人，3岁的外甥女依依一身裙装，粉嫩粉嫩的，但是似乎比前年瘦了一些。妹妹说："她现在特别不乖，不好好吃饭，不好好睡觉，总是和我唱反调，怎么可能不瘦。"我告诉妹妹，依依长大了，她人生中的第一个逆反期来到了，你就接招吧！

"所以呀，我把依依送进了幼儿园，让老师替我管她！我够聪明吧！"

妹妹的话并不令我吃惊，相信大多数父母都有着和她一样的想法。

3岁孩子的特征的第一个关键词就是"叛逆"。

叛逆期，简单地说，就是其间孩子做的事情与你所期待所要求的事情是逆向的。我们常接触到的"叛逆期"通常是指12～16岁的青春发育期，其实，早在这之前，孩子就经历了两次叛逆期，2～3岁叛逆期以及4～7岁叛逆期，它们同青春期一样，都属于过渡阶段。第一次叛逆期是从婴儿过渡到幼儿，第二次叛逆期是从幼儿过渡到少年，第三次叛逆期是从少年过渡到成年。在这3个阶段，孩子越来越独立，对父母的依赖越来越少。

2岁时，孩子已经可以很好地独立行走，手也变得极其灵活，身体活动能力极大提高，同时孩子心理上也感觉自己凡事都能够做好了，于是开始坚持"我的意见"了。自我意识的发展，身体主观能动性的增强，让孩子对大人的安排和指挥表现出更大的选择性，生物学上叫作"恐怖的2岁"。经过一年的酝酿和成长，逆反现象在3岁达到了顶点。这时的孩子总是喜欢做出各种选择，但是又很难坚持自己的选择。

比如他会说"我要牛奶",当你给他准备好时,他又说不要牛奶改要橙汁,给他橙汁时,他可能又要牛奶。再比如,好不容易说服他去洗脸,洗脸水准备好后,他马上就不愿意了,这完全是在考验家长的耐性。耐性好的家长,就一直被孩子左右,将牛奶、橙汁甚至可乐都给孩子准备好,不洗脸就不洗了,陪着孩子玩这种"你猜我下次要什么"的游戏;耐性不好、忍无可忍的家长,轻则吼叫起来,"什么都别喝""必须马上洗脸",重则拽过来就是一顿揍,结果就会出现家长吼叫、孩子大哭的情形。

只要父母"不听话",孩子马上一哭二闹三发飙。"不,我不,我就不"是3岁孩子逆反的三部曲,"爸爸讨厌,妈妈讨厌,你们都讨厌"是3岁孩子的总结语言。面对3岁孩子的逆反行为,很多家长最终只能缴械投降。其实,家长错误的教育方式很容易加剧孩子的逆反心理和行为。

孩子的第一个逆反期所出现的种种问题几乎都能在一个地方寻找到答案和解决方法,这个地方就是幼儿园。3岁孩子为什么会出现叛逆行为?我们也可以这样理解,因为他目前的生活环境已经不能满足他的身心成长需要,3岁的孩子需要更大的成长空间,幼儿园正好给孩子提供了这个阶段所需要的空间。

幼儿园时期是人的一生中非常重要的时期。在幼儿园里,孩子们积攒力量,为今后的人生道路打下基础。孩子们在幼儿园里养成良好的习惯——吃饭的问题解决了,另外一些自理的问题解决了。不仅如此,幼儿园还点燃了孩子学习的热情,孩子们能初步掌握各学科简单的基础知识,另外幼儿园也会通过音乐、美术以及运动来培养孩子们的创造力。最重要的是,这些同龄人的小集体让孩子学会了很多社交本领。在老师的引导下,他们把竞争当成游戏来享受,小红花式的称赞和肯定成为孩子们不断成长的养分和动力。幼儿园总是能不断挖掘孩子的潜力,让孩子展示出惊人的才华。

尽管3岁的孩子们需要幼儿园，但是他们往往不能一踏进幼儿园就适应幼儿园。这个适应期短则一周，长则几个月。意志不坚定或是方法不正确的家长很可能因为孩子的不适应而反反复复不断地出入幼儿园。家长们要知道，家园共育是3岁孩子的教养主题。家就是家庭，园就是幼儿园，只有家长和老师的共同努力才能让孩子度过一个健康、有益的幼儿时期。

## 3. 小班是启航期：引导孩子接受并适应集体生活

闺密小范是一名幼儿教师，工作两年来，她一直带幼儿园大班的孩子。这个学期伊始，园长安排她去带小班。小范兴冲冲地接受了新的工作安排，可是刚开学没两天，她就开始跟我诉苦了：

"我惨透了。一直以为带小班会轻松一些，没想到更累。看着那些小娃娃，白白嫩嫩，一双双水汪汪的大眼睛，就跟人参娃娃似的。没想到，各个鬼机灵，我这把老骨头都要被折腾散架了。"

我笑而不语，小班老师当然不会轻松，所以很多幼儿园都会在小班的班配上做一些调整，人数尽量控制在20人以内，老师以及保育员也会相应多配备1人。

3～4岁的孩子刚从婴儿期进入幼儿期，一方面，他们不免带有一些婴儿的痕迹；另一方面，由于身心发展迅速，他们又开始具有幼儿期的显著特点。

我记得鼎鼎刚开始上小班的时候，我的家教内容主要是引导他接受并适应集体生活。在适应过程中，应该注意哪些问题呢？

**第一，坐不住是正常的。**

小班幼儿处于身体迅速发展的时期，而动作发展又是其重要标志，主要表现在幼儿身体和手的动作已经比较自如，可以掌握各种基本动作和一些精细动作。由于动作发展的需要，小班的孩子会表现得比较好动。

总是来回走动、没有课堂纪律观念的孩子也给老师带来不少麻烦，但是我们不能因为这样就给孩子施加压力，强迫孩子必须安静地坐着。因为3岁幼儿的口语表达和人际交往能力与中班、大班相比还较差，他们常常通过自己的行动表达需求。

**第二，尽快帮助孩子掌握语言。**

知子莫若母，没有人比妈妈自己更了解孩子，很多时候小家伙的想法还没有表达出来，妈妈就已经知道他要干什么了。但是上幼儿园以后，短时间内老师无法全面地了解孩子，更何况老师要面对好多个小朋友，短时间内与孩子很难达到心照不宣的默契程度。

这个时候，孩子只有敢表达、会表达，老师才能明白孩子的需求。因此，这就要求小班的孩子善于表达，渴了、饿了、困了、想上厕所、不舒服、有点儿难过、东西找不到了等，都需要他们用清楚的语言告诉老师，这样才能得到准确的帮助。

所以，家长平时在家需要多跟孩子交流，即使知道他的想法也要鼓励他完整地表达出来，这样在幼儿园遇到问题时他才能准确地传达给老师。家长平时跟孩子交流的时候，要尽量使用普通话，注意用词准确，表达完整，这样对提高孩子的语言表达能力很有帮助。

**第三，帮助孩子建立安全感，克服分离焦虑，同时家长要避免让孩子反反复复入园。**

要使孩子更好地适应幼儿园，一定要帮助孩子克服分离焦虑。

如果让孩子感到和每位家庭成员在一起都有安全感，都能产生快乐，那么孩子就不会故意地单独缠着某一位家庭成员了。这项工作应该在孩子上幼儿园之前就开始，让孩子多接触其他家庭成员，比如让爷爷奶奶带出去游玩，多去姥姥姥爷家短暂小住。

建立孩子的安全感离不开营造快乐的家庭氛围。要想让孩子不哭闹，父母就得常微笑。孩子在进入幼儿园后，表现得会比较脆弱，家长应该读懂孩子的情感，用心地配合孩子，切不可按照自己的主观想法或是自己心情的好坏做出回应，否则，就很可能伤害孩子。有关研究表明，生长在家庭和睦、氛围愉悦的家庭中的孩子比较乐观开朗，分离焦虑发生的情况也比较少。

此外，最需要避免的就是反复入园。在小班阶段，无论是孩子的身体状况还是心理状况都容易出现问题，比如说孩子生病了，情绪不好了，这些小问题经常会让家长们产生心疼孩子的想法。孩子幼儿园上得反反复复，一个月几乎有一半多的时间留在家中，这样只能是得不偿失。尽管幼儿园不像小学一样，但还是应该让孩子坚持上幼儿园。反复入园，不仅会让老师不了解孩子，也很难让孩子完全地适应集体生活。

## 4. 中班时期的教养关键：保持积极、正面的情绪

经过一整年小班的学习和适应，四五岁的孩子到了中班又呈现出与小班不同的面貌。

我在幼儿园工作的那段时间里，最先带的就是中班小朋友。我记得我们班上的男孩儿比女孩儿多，他们精力旺盛，永远都是飞奔的状态。老

师们得知我接手这个班级后，都对我抱有同情，因为这个班的小男孩都是"小魔王""孙悟空"，各个都能"上天入地"。

当然，接手这个班两个星期后我有了比较深刻的体会：如果老师们只想着怎么对付孩子，那完全是错误的想法。至于怎样引导这帮孩子，在一次午饭过程中，我找到了方法。

浩然小朋友平时非常调皮，并且不爱和我交流，即使我蹲下来和他聊天，他也总是一副冷面孔。那天，幼儿园午餐的主食是麻酱烧饼。浩然把所有的饭菜都吃光后，又向老师要了一块麻酱烧饼，但是他并没有吃，而是放进了衣服口袋里。直到放学前几分钟，我才发现。经过几番询问，小浩然告诉我："老师，我想留给爸爸妈妈吃，他们最爱吃麻酱味的。"当时那块麻酱烧饼已经变形了，他的衣服上也沾满了麻酱。看着他纯真的眼神，我特别感动。我轻轻对他说："浩然是我见过最有孝心的孩子。"然后我又去厨房拿了块新的烧饼，让他送给爸爸妈妈。

此后，我想大概就是因为这块烧饼，让我更了解这个班的孩子，也正是因为这块烧饼，让小浩然与我亲近了许多。

从那以后，我明白了：对待中班的孩子，比起关注他们的生活所需来说，要更关注的是他们的情绪和内心活动。

孩子经过一年小班，无论是在生活自理能力上还是在语言表达能力上都有了飞速的提升。对于家长来说，中班时期教养的重点在于引导孩子保持积极、正面的情绪。

中班阶段，孩子的社会认知能力明显提高，有意识行为开始发展，懂得更多的社会规则，能关心他人的情感反应，出现最初步的关心、同情反应，友好、助人、合作行为明显增多。在自我意识方面，他们开始能体验到自己的内在心理活动、情绪情感和行为反应，能以他人的要求调控自己的行为，自制能力开始发展。

因此，在这个阶段，家长一定要关注孩子的情绪和情感。

**第一，孩子开始出现有意行为，让孩子学会控制自己的情绪。**

有意行为是指有目的、有意义的行为。孩子的有意行为是会随着自我意识的觉醒程度的提高而不断增多的，而大规模出现有意行为的时期正是在孩子四五岁时。他们集中精力从事某种活动的时间也较以前持久，小班一次集体活动时间为15分钟，中班为25分钟左右。这阶段，孩子能够接受他人指令，完成一些力所能及的任务。在幼儿园里，可以学当值日生，为班级的自然角浇水，帮助老师摆放桌椅，等；在家里，能够收拾自己的玩具、用具，并能帮助家人收拾碗筷、折叠衣服，等。此时的幼儿已经初步具备了责任感。

中班孩子的情绪比小班孩子的情绪更加稳定，他们的行为受情绪支配的比例在逐渐下降，与此同时，他们也开始试着学习控制自己的情绪。在商场，他们看到喜爱的玩具时，已不像2~3岁时那样吵着要买，而是能听从大人的要求，并用语言自我安慰，"家里已有许多玩具了，我不买了"。在幼儿园里，同伴间发生争执时，他们有时也能控制自己的情绪和行为。

当然，他们并非对所有的情绪都能调节好，面对特别感兴趣的事和物仍然会出现受情绪支配的情况，甚至还会出现情绪"失控"现象，这时候，就需要老师和家长极为耐心地去疏导。

当孩子情绪失控的时候，要多鼓励和赞扬，少批评和责骂。孩子只是偶尔出现这种情况，老师或父母的不理解或是过分强调会让孩子产生一种"无论怎么做，老师或父母都不相信我"的消极情绪。

**第二，关注孩子在人际交往中的情绪表现，引导孩子与同伴们和谐游戏。**

中班孩子的活动范围开始扩大，他们不再像在小班时那样独自玩耍，而是喜欢两三个小伙伴组成的小集体活动。他们能够自己组织游戏，选择主题、自行分工、扮演角色等。游戏情节丰富、内容多样，还出现了以物代物等替代行为，如他们会用积木代替电话机、用"雪花片"代替公园门票等。他们的游戏不仅反映日常生活的情景，还经常反映电视、电影里的故事情节。

大人有大人交朋友的方式，小孩儿也有小孩儿交朋友的方式。他们乐于在游戏中逐渐形成伙伴关系。有了相对稳定的游戏伙伴，他们会与同伴共同分享快乐，还获得了领导同伴或服从集体的经验。同时，他们也开始产生嫉妒心，有时会表现出强烈的情感，比如愤怒和沮丧。他们还喜欢炫耀自己所拥有的东西。但由于交往技能的不足，他们往往容易发生争执和攻击性行为。因此，我们需要耐心地在实际生活中多教孩子一些正确的交往方式，多鼓励，不要采取简单的方法去制止和责备。

**第三，看到孩子行为背后的积极情绪，及时引导孩子。**

有这样一个例子，妈妈说自己的女儿特别爱哭，如走得慢了或是走不动落后了就会哭。她妈妈说她天生爱哭，但是我发现她的女儿性格很要强，对自己要求很高，做事情爱着急，着急时就爱哭。

孩子出现的消极行为，并不一定是由消极的情绪带来的。可能正是他们有着某些迫切的愿望，但因为能力欠缺而不能实现，这时候便出现了任性、哭闹等消极行为。这个时候，如果我们积极解读孩子的行为，给孩子正面的教导，那么，每次任性行为出现的时候都可能是孩子的一个成长机会。

# 5. 幼儿园最后一年：大班要学习如何自主解决问题

我在幼儿园工作的最后一段时间，带的就是大班。

一般的幼儿园并不开设学前班，所以大班将是孩子在幼儿园的最后一年。如果说孩子在小班的主要任务是适应，在中班的主要任务是交流，那么大班才是孩子真正学习本领获得各方面技能的阶段。

从生理上说，大班孩子的神经系统发展成熟许多，孩子的自我控制能力明显提高。这表现在孩子的动作更加准确，能够娴熟地使用各种学习生活工具上，比如筷子、画笔、剪刀等。同时，孩子们对自己的行为也有了更好的把控，注意力更加集中，这让他们可以安静地坐下来听老师授课。他们的规则意识和坚持性都有了质的飞跃。可以说他们开始成熟，完全可以进行各种学习活动。

随着年龄的增长和心理各个方面的发展，大班幼儿不再满足于追随、服从老师或是家长，而是有了自己的想法和主见，他们活动的自主性、主动性明显提高。

同小班、中班幼儿在行动过程中进行思考的特点相比，大班幼儿已有可能在行动之前对自己要做的事情有一个大致的想法。他们的行为少了些盲目性，多了些目的性和计划性。但是，这种目的性、计划性不是自然发生的，它有赖于老师和家长的指导。

让大班孩子学习如何自主解决问题是本阶段教养的重点。

**第一，鼓励孩子有了想法就去实施。**

华裔商人王安博士在一次演讲中曾经讲过他6岁时候的一个故事：

那天他在外面玩耍时，突然有个鸟巢掉到了他面前，从鸟巢中滚出一只小鸟。小王安很喜欢这只小鸟，决定要养他，便将鸟巢一起拿回家。刚到门口，妈妈发现了小王安手中的小鸟和鸟巢，但是她不允许儿子在家里面养小动物。

小王安非常舍不得，先将鸟巢和小鸟放在门口，然后走到屋子中去央求妈妈。他央求了很久，妈妈终于同意了。

可是，当小王安兴高采烈地跑到门口去取小鸟时，小鸟不见了。一只大花猫正在旁边抹嘴巴。原来小鸟被大花猫吃了。

当时的小王安责怪大花猫，责怪妈妈，哭闹了很久。他妈妈最后说："自己认为对的事情，不可优柔寡断，必须马上付诸行动。"

王安说6岁那年发生的这件事影响了他的一生。他从这件事上得到了一个很大的教训：只要有了想法，就应该先去实施。倘若他能够马上行动，小鸟就不会被吃了。

想要提高孩子的执行力，就要鼓励孩子勇于尝试，尤其是当孩子有了新的想法时，一定要鼓励他马上去实施。做父母的要尽可能地支持孩子的想法。

外国这方面的案例不胜枚举，比如比尔·盖茨的父母也早就为儿子制订好了人生规划：其中一项是进入哈佛大学法学部。当儿子被哈佛大学录取时，他们的梦想几乎实现了一半。但是当儿子做出辍学去创业的决定时，他们尽管有些担心，但还是表示支持。他们认为如果儿子成功了，便皆大欢喜；如果不成功，也是一个经历。

父母鼓励孩子有想法就去实施时，首先要去了解孩子的想法，不全盘否定孩子的想法。如果粗暴地认定孩子的想法不成熟，就可能会打消孩子的积极性。

父母的鼓励可不光是嘴上的支持，更应该包括各种实质意义上的帮助，尤其是提供一些必要的物质帮助，让孩子将想法实施得更好。比如孩子要重新布置自己的房间，父母要为孩子提供一些粉刷工具，给予一定的指导。父母还要提供精神帮助，鼓励孩子坚持下去，在孩子失败后抚慰孩子，这样孩子才会越挫越勇。

想法就像是光线，我们很难看得出它的模样，搁浅太长时间后就消失无形，而行动就好像是三棱镜，能将想法折射出色彩，不仅清晰而且美丽。父母应该在孩子支起行动这个三棱镜的时候，扶持一下，让它更稳更坚固。

**第二，"从做中学"，让孩子参与到家庭事务以及公共事务上来。**

"从做中学"一直是我非常认同的教育原则。"从做中学"将家庭与社会、学校与社会联系起来，这样既可以让孩子学到理论知识，又能培养孩子们的观察能力，培养他们做事的兴趣，锻炼他们做事的能力，为其以后的学习提供直接的实践经验。

此外，"从做中学"也有利于孩子的整体发展。在身体上，"从做中学"强调了动手能力，孩子的身体协调性得到了发展；在智力和思想上，"从做中学"强调手脑并用，创造能力获得极大发展；而在心理上，"从做中学"也有助于增强孩子的自制力和自信心；在道德上，孩子通过不同的社会服务活动，了解了各种社会习惯，体验了富有爱心、诚信等各种品质。我认为，"从做中学"的教育才是社会所需要的教育，这样的人才也才能更好地适应社会的发展。

通常来说，我们要提供给孩子一些可以"做"的事情，孩子学得才更具目的性，我们由浅入深来分析。

首先是一些手工训练，这是非常简单也比较容易实现的"做"。比如，帮忙做家务、做手工玩具、装饰房间、美化小区，都属于这一类。妈妈收拾房间，可以给孩子一个扫帚、一块抹布，让孩子帮忙一起打扫，下一次孩子可能就不会乱扔乱放，因为孩子懂得了收拾房间很辛苦；爸爸带着孩子去钓鱼，也给孩子准备一套渔具，让孩子跟自己一起钓，而不是让孩子在岸边埋怨——"这么半天怎么还没有钓上来""钓上来的这么小""鱼又跑了"。

其次是一些艺术活动，比如唱歌、跳舞、画画、捏泥塑、等等，这些艺术活动对于锻炼右脑思维是非常有帮助的。

最后是动手做一些科学探究。很多大班的孩子都已经有了科学探索的欲望，父母可以带孩子在家里做一些简单的科学实验。如准备塑料梳子和小碎纸片，为孩子演示摩擦起电；还可以把筷子放在有水的透明杯子里，让孩子仔细观察，然后再为孩子解释光的折射现象，等等。

孩子们要"做"的内容是随着年龄的增长不断深化和加深的。最初的阶段是基本需要阶段，比如衣食住行这些基本需求，然后便是孩子能够重新发现、重新创造、重新改造的活动，比如收拾房间、钓鱼、拔草等，最后便是社会性的活动，这时孩子学到的便是技能，比如烹饪、缝纫、园艺等。

父母不应该总是抱着孩子长大了便什么都会的想法，父母的爱护关心绝不是包办孩子的一切事情，所以，家教更应该"从做中学"。

## 6. 父母永远是榜样、是教练、是朋友、是引路人

很多妈妈告诉我她的孩子又出现了某些状况：

"我的孩子怎么不爱说话？"

"我的孩子情绪似乎太暴躁了。"

"我的孩子一点儿耐心都没有。"

"我的孩子脑袋太笨了，数学怎么也学不好。"

听到这样的话，我会根据孩子当时所处的阶段与自身情况和各位妈妈先进行探讨。同时，我通常会提醒她们："你在这方面做得怎么样？"问出这个问题后，很多妈妈马上就明白了。

"我和他爸爸应该不算是外向的人。"

"我的脾气是有点儿急躁。"

"我好像没有教过他学习数学的方法，我又不是老师。"

大部分"问题孩子"背后都有一个"问题家长"。

日本著名教育家井深大曾经说过："父母的言行是子女最好的教材，一流的父母造就一流的孩子；要让孩子进入'一流'幼儿园和'一流'学校，但是更重要的是必须要使孩子在'一流'家庭里接受熏陶。"

在生命最初的几年，孩子所有的技能基本上都是靠模仿获得的。父母是孩子的第一个模仿对象。孩子将父母的一言一行都看在眼里，因此父母一定要成为孩子的好榜样。苏联教育家苏霍姆林斯基说："父母自身的行为对孩子有着重大的影响。不要以为只有你们同孩子谈话和教导孩子、吩咐孩子的时候才是在教育孩子，在你们共同度过的每一分钟，甚至在你们分开的时候，都是在教育孩子。父母怎么穿衣，怎样和别人说话，如何表示欢乐和不悦，如何对待朋友和仇敌，如何笑，怎样读报……所有的这一切对孩子都有很大的教育意义。"

父母用正确的示范来教导孩子，久而久之，这种示范便成为孩子的习惯。这样的沟通，即使没有语言，也会对孩子影响深刻。作为一个好的榜样，父母首先要注意自己平时的一言一行，这对孩子习惯的培养以及品德的教育有着很大的影响力。

"在欧洲，即使道路上没有车，你也不会闯红灯，这是为什么呢？"

"我不能保证，在对面的窗户里没有孩子的眼睛。"

"这个地方又没有人，你可以从草坪上穿过去，走近路回家。"

"不，我不能让孩子学会践踏草坪，为他投机取巧埋下隐患。"

孩子的眼睛是无比敏锐的，而且他们在看见一些事实之后，也会进行思考。倘若父母言行不一致，定然会让孩子产生困惑。如果说一套做一套，或是对孩子严格要求，对自己却马马虎虎，当然会对孩子的行为产生影响，也会让孩子对父母产生坏的印象，双方的沟通以及交流也会成为问题。

很多时候，有什么样的家长就会有什么样的孩子，家长不能做到礼貌待人，孩子就很难做到讲礼貌；家长没有时间观念，孩子做事情也会磨磨蹭蹭；家长胸无大志，那么孩子也可能就碌碌无为地生活下去。

除了要给孩子做最好的示范，做一个好榜样外，父母还应该当好一个教练，给孩子直接的指引，真正地去教导孩子。

父母应该成为孩子以下4个方面的教练：

**第一，教孩子形成好的性格。**

7岁之前是孩子性格形成的关键时期，特别是孩子3~6岁的时候。3~6岁是"潮湿的水泥"期，孩子85%~90%的性格、理想和生活方式都是在这一时期形成的。在7岁之前，父母要注意孩子性格发展中可能出现的各种问题，并采取积极措施，培养孩子形成良好的性格，给孩子未来的成功打下坚实的基础。

**第二，教孩子形成好的习惯。**

所有教育专家总是不遗余力地强调习惯的重要性，强调儿童时期对习惯培养的重要性。我国教育家叶圣陶说："教育就是习惯养成，凡是好的态度，好的方法，都要使它化为习惯。"英国教育家洛克也说："一切教育都归结为儿童习惯的培养，往往自己的幸福都归结于自己的习惯。"

家庭是习惯养成的第一基地，而父母是习惯培养课堂上的第一任教师。父母们应该在孩子入学前就着手帮助孩子养成良好的学习和生活习惯，让他们以最佳的状态准备入园。

**第三，教孩子形成美好的品德。**

有的孩子经常会脱口而出这样的话：

"妈妈，这是什么破菜啊，真难吃！"

"我真讨厌王老师，把我放在第三排！"

"王小明跑得太慢了，我们班没有拿到接力赛第一名都怪他！"

几岁的孩子说出这样的话真的会伤害到很多人。作为父母，我们不能再将孩子的这些冷言冷语当成是"童言无忌"。随着自我意识的发展，他们应该学会感恩，学会善良地对待周围的人。另外，他们的理解能力和辨别是非的能力都在这个时期快速发展，如果父母不教导他们正确的做法，不给他们提供正确的标准，不引导他们形成美好的品德，很可能让他们变得自私，只懂得索取与抱怨，而不懂得感恩。

**第四，教孩子提升各方面的能力。**

孩子在3岁时会经历大脑发育的第一个黄金期，在六七岁的入学期他们将经历人生中的第二个智力发育黄金期。研究表明，孩子3～6岁时，智力发育已经完成了全部的50%；成人的大脑重量也就是1300～1400克，6岁时大脑重量将达到1200克左右，孩子的智力将达到最终智力水平的83%～90%。

3～6岁是孩子智力水平飞速发展的时期，因此孩子各方面的能力也应该从此时得到提升，比如言语表达能力、观察力、创造力和想象力、注意力、学习能力、执行力等。这些能力的提升并不全是依靠自动自发，要依靠学校老师与父母有意识的指导。

# 第二章

# 最关键的事：如何让你的孩子
# 开开心心去幼儿园

看着孩子小小的身影走进幼儿园大门，父母难免心疼不舍，甚至落泪，更别提从未离开过父母的孩子们。依恋是再正常不过的事情，初上幼儿园最关键的事就是如何让孩子开开心心上学去。

　　提早半年做准备，一个长期的心理建设会让孩子适应得更快更好；各个阶段的分离焦虑，都是孩子必经的成长之痛，而我们的细心呵护则是最好的止痛良方。

# 1. 提前半年准备，激发孩子入园的美好愿望

我的儿子鼎鼎是在两周半的时候入园。鼎鼎的入园适应期十分顺利。入园第一天，我把他送到他的班级，对他说："鼎鼎，你看，这就是我们之前看过的教室，这个屋子好吗？"

鼎鼎看了看已经到来的小朋友，又看了看正在微笑的老师："好。"

"那鼎鼎以后就开始上幼儿园了好不好？"

"好。"

"跟妈妈再见。"

鼎鼎就跟我再见了。

是不是太平淡了？

我离开的时候，在幼儿园的一间安抚室内，有两个小朋友哭得声嘶力竭。这样的情况几乎会持续一个月。这种才应该是正常的反应吧？而我家鼎鼎看着别的小朋友哭，却是一脸的不可思议。

很多家长也都问我，为什么我家鼎鼎没有出现分离焦虑，他上幼儿园为什么那么轻松呢？

我笑着说："因为我半年前就开始准备了。"

是的，我半年前就开始为此准备了。通过激发孩子入园的美好愿望，一个有心的父母会让孩子在幼儿园适应得更快。无论是生理上还是心理上，让孩子进入另外一个全新的环境，遵守全新的与人交往的准则规范，

这首先是一件"痛苦"的事情。进入新环境后再进行安抚，是治疗，痛苦而缓慢，甚至仅仅是将痛苦掩盖起来，稍有不当，则可能给孩子留下阴影。而如果提前准备，则是预防，长期的心理建设会让孩子对入园生活适应得更快更好。

不管你是决定让孩子两周岁上幼儿园，还是三周岁上幼儿园，你必须提前半年开始准备，这种准备不仅仅是一些物质上的准备、生理上的准备，更包括心理上的准备。

**第一，通过多种方式，让孩子了解幼儿园"好玩"的生活。**

有意识地引导孩子对幼儿园产生好印象，有助于激发孩子的向往之情。现在，社区发展比较成熟，基本上每个小区都有幼儿园，这为我们提供了便利条件。

我那时一有时间就会带鼎鼎到幼儿园附近去玩一会儿，鼎鼎隔着栅栏会看见幼儿园的滑梯、沙地和彩色的跑步带。

"妈妈，我想进去。"

"那我们去问问保安爷爷，看能不能进去？"

我们得到的答案肯定是否定。

"还有半年时间，鼎鼎就能上幼儿园了，上幼儿园了就可以进去玩了。"

还有一个引导时机就是幼儿园上学和放学的时间。这段时间，孩子可以看到很多同龄的大小朋友。

这个幼儿园就是鼎鼎将要上的幼儿园，让他看大姐姐、大哥哥们做操和游戏。不知不觉，鼎鼎已经觉得上幼儿园是一件很快乐的事，并憧憬自己也能早点儿上幼儿园。

除此之外，我们可以多带孩子逛逛文具店、玩具店，告诉孩子幼儿园有很多很好玩的玩具和游戏，与孩子一起阅读关于上幼儿园的绘本，适当看一些相关的动画片，等。

当孩子对自己即将面临的环境有所了解并熟悉时，他才不至于出现太多的不适应。

**第二，合理调整作息，让孩子适应"规律"的幼儿园生活。**

幼儿园与家最大的不同应该就是作息的规范与量化。对待孩子的吃饭和睡觉问题，家里的环境比较轻松自由，孩子吃多少，怎么吃，什么时候睡觉，什么时候醒来，很多家长都依照孩子的愿望来。可是进入幼儿园集体生活，所有的孩子同吃同睡。在入园初期，很多孩子无法适应没有人喂饭、没有人哄着拍着入睡的方式，从而出现体重减轻、情绪低落等情况。而事实上那些在家作息就比较规律的孩子在入园初期发生分离焦虑的概率更小一些。

因此，为了减轻这种不适应的症状，家长们可以提前半年训练孩子规律的作息方式。

家长们不妨到孩子将来准备去的幼儿园要一张"一日活动安排表"，竭尽所能地按照上面的时间规划孩子的生活。

**第三，切忌威胁或是吓唬孩子。**

我们前文提到的两点都是为了激发孩子上幼儿园的美好愿望，需要我们坚持不懈并且格外关注细微之处。这些细微之处就在于我们言语中一定要注意不丑化幼儿园的形象。

在为鼎鼎入园而提前准备的半年时间里，我们从来不会对他说类似"你要听话，否则幼儿园的老师会教训你的""你这么调皮啊，看以后老师怎么收拾你""你这么霸道，幼儿园的小朋友肯定不跟你玩"之类的话。

建立一个美好印象是非常难的事情，而一个坏的印象可能仅仅因为家长的一句玩笑话。

## 2. 初期分离焦虑——当妈妈离开时哭得撕心裂肺的孩子

早上嘟嘟一睁眼就继续纠缠昨天晚上的话题:"我不去幼儿园,我不去幼儿园。"

穿衣服时,嘟嘟眼泪都快流下来了,"我不去幼儿园"。

10分钟后,妈妈没辙了,只能暂时妥协:"好好,咱们不去幼儿园了,妈妈带你去游乐场。"虽然妈妈知道这样的谎话不应该对嘟嘟说,可是为了让孩子痛快地进入幼儿园,她采取了这样的方法。

嘟嘟终于破涕为笑,一路上都欢快无比。可是,当发现又到了幼儿园门口的时候,他就不走了。妈妈只好将他抱起来。

老师看见了,过来帮忙,想要接过嘟嘟,可是嘟嘟的双手紧紧地搂住妈妈的脖子,双腿也使劲夹住了妈妈的腰。妈妈费了好大的劲才掰开嘟嘟的双腿。嘟嘟哭得撕心裂肺,被老师抱进了教室。

然而,这仅仅是开始。

像嘟嘟这样哭闹得惊天动地的孩子并不在少数,还有一部分孩子则会紧张不安、沮丧。这都属于分离焦虑的表现。

分离焦虑是孩子离开父母或是亲密的照顾者时所出现的负面情绪,通常是紧张不安、沮丧,或者特别黏人、爱哭、固执,希望照顾自己的那个人能一直留在身边。分离焦虑既是一种心理反应,也是一种自我保护能力。

幼儿园阶段是孩子产生分离焦虑的爆发期。一般来说,孩子在6个月后,已经可以区分熟人和陌生人,进而对陌生人以及陌生的环境产生恐惧感和逃避心。3岁左右孩子的情感表现正在不断发展,特别是自己最亲近、最信任的家长如果离开了，孩子心理的恐惧就会急剧增加，表现得焦虑不安。而等家长回来之后，孩子又会觉得自己安全了，其负面情绪会自行消除。

家长们对孩子们表现出来的分离焦虑通常采取两种解决方式，一种是拒绝孩子的依恋。这种方式家长忽视了孩子在情感方面的需求，把孩子表现出来的缺乏安全感的行为视为故意折腾，强硬与孩子分开。另一种是采取"回避"的方式，认为孩子"哭两声"就没事了。殊不知，这样对孩子日后的人际互动与生活适应能力会造成恶劣的影响。如果孩子的依恋需求总是遭到拒绝，他们的情绪就会向消极的方向发展，变得不愿意和大人说话、渐渐疏远周围的人。

还有另外一种情况，当孩子因为害怕分离而哭泣的时候，家长往往会觉得难过和愧疚，并情不自禁地心疼起孩子来，有的家长甚至还会将孩子带回家，放弃入园。

我曾经遇到过一位家长，孩子两周岁时被送去幼儿园，因为哭闹得太厉害，孩子上了几天就放弃了；两岁半的时候又送了一次，最后还是把孩子接了回去；到现在孩子3周岁了，一提到幼儿园，还是会大哭大闹，这位家长现在很为难，不知如何是好。

家长这样的行为无形之中会让孩子形成一种错误的认知：只要采取哭闹的方式，就可以让爸爸妈妈"屈服"。时间一长，孩子只会闹得更加凶猛，分离焦虑的现象也会变得更加严重。

面对初期分离焦虑的孩子，家长们应该从建立孩子的安全感、增强孩子的信心等方面入手：

**第一，让孩子明白，去幼儿园只是和家人暂时分离。**

很多孩子产生分离焦虑的原因是对"分离"概念的误解。他们在妈妈转身离开的时候心生恐惧，如果孩子们知道分离只是暂时的，就会减少心里的恐惧。

孩子起床后，可以这样对孩子说："新的一天开始了，妈妈又要去工作了，每个人都有要做的事情，那宝宝你的事情是什么？是去幼儿园对不对？当太阳落山时我们又会见面的，回来之后，宝宝和妈妈做游戏……"

去幼儿园之前，多给孩子规划美好的事情，给孩子设定一个美好的希望，淡化孩子对幼儿园的恐惧，孩子的心中就会充满渴望。

为了让孩子能够快速接受并适应与家人的分离，家长们也要付出努力。情绪是可以传染的，要让孩子不哭闹，家中气氛一定要快乐祥和。孩子起床后，见到的应该是温柔的笑脸。我们可以打开音响，开启一天的美好生活；我们可以一边哼唱孩子喜欢的歌曲，一边给孩子洗漱、收拾书包；最后跟孩子谈谈一天的计划，比如放学后干什么、睡前读什么故事等，这样轻松愉快的氛围有助于降低孩子的抵触情绪。

另外，还有一点儿值得家长特别注意。为了让孩子上幼儿园而不断提醒孩子"上幼儿园"，这种做法容易产生副作用。早上起床就对孩子说"起床，去幼儿园了"，洗漱时对孩子说"快点，该去幼儿园了"，吃完晚饭后对孩子说"早点睡觉，明天还要上幼儿园"。这样的话反反复复说，孩子即便不抵触，也会心生厌烦。

**第二，理解并接纳孩子，给孩子更多安全感。**

分离焦虑的产生一般都是情感需求使然。要想克服分离焦虑，家长们首先应该要满足孩子的情感需求。交流与身体接触能够缓和孩子的情绪。

在家里时，家长应该尽可能地多给孩子一些拥抱，给孩子更多的照料，多与孩子进行语言沟通和目光交流，无条件地接纳和爱抚孩子。

家长在外出的时候，也要记得对孩子表示关爱。鼎鼎在小的时候，对一件事特别在乎，就是和我说"再见"。一般我都会主动先和他说再见，慢慢地儿子就会抢在我前面提醒我或者是主动和我说"再见"。这句"再见"可以说是我与他的分别仪式，也是我们马上会再见面的预告式。我不太同意很多家长为了不引起孩子哭闹而偷偷走开的方式，这无异于一种谎言和欺骗。孩子最不应该接触这种谎言和欺骗。

父母任何一方不管是谁长时间外出，都要记得经常给孩子打电话，并耐心和孩子进行交流，增强感情，让孩子了解到即使分离，仍然有人在牵挂他、关爱他。和孩子形成这样的亲子依恋关系，他的心理会更健康更阳光。

为了更快更好地处理幼儿园初期的分离焦虑，家长们不妨在这段时间多给孩子一些惊喜，当孩子表现得勇敢坚强时，给他们一些奖励。

**第三，培养孩子独立性，让孩子轻松跨越分离焦虑。**

我们发现，生活中那些独立性强、活动能力强、个性开朗的孩子很少会产生严重的分离焦虑。相反，那些被家长溺爱、娇生惯养、任何事情都由家长包办的孩子，最容易对家长产生分离焦虑。因此，培养孩子的独立性是有益于克服分离焦虑的。

每个孩子对情感的需求强度是不一样的，在满足孩子情感需求的前提下，家长们不妨试试能让孩子感觉自己受到关注而又能让他独自玩的方式。我在培养鼎鼎独立性时，最常用的方式就是，在孩子的视野内做自己的事情，让他玩他最熟悉的玩具，当然当他需要帮助时我马上会参与进去。

我会告诉他"我很乐意陪你玩，但是我也有事情做"。我让鼎鼎相信，虽然我手头也有工作，但我不会减少与他亲子互动的时间，让他明白：不仅鼎鼎需要妈妈陪，妈妈也需要鼎鼎陪。我们之间气氛很好，游戏过程中我还会引导孩子多用语言和我进行交流。

"妈妈，你给我搭一个大火车。"

"没有问题，你可以先帮我找一个大一点儿的红色的圆柱体当火车头。"

此外，培养孩子的自主性，还要多带孩子去接近大自然，多参加户外活动，通过打开孩子的视野，让孩子的生活空间更广阔，避免家庭环境的单调；让孩子多与邻居接触，多与同龄人玩耍做游戏，互动交流；不要让孩子的眼睛总是围着爸爸妈妈转，要带孩子走出家门，培养孩子独立自主的能力。

## 3. 中期分离焦虑——即使是上幼儿园，也别轻易为孩子请假

我在幼儿园工作的时候，学校曾经做过一项调查。通过调查我们发现，大班的迟到率是最高的，大部分孩子都要在门口与爸爸妈妈"依依惜别"好久，得到了爸爸妈妈的种种"保证"，然后还要哭上一鼻子才肯入园。

大班的孩子已经在集体中生活超过两年，为什么还会出现这种情况？

我们总结，分离焦虑并不仅仅发生在幼儿园初期，在幼儿园中期也会出现，称为"中期分离焦虑"，这种现象通常发生在入园后的第二年到第三年，甚至持续到幼儿园生活结束。

中班的孩子们经过一年的适应，对幼儿园生活了如指掌。从最开始的新奇劲儿慢慢转化为熟悉的单调和枯燥：每天在幼儿园吃饭，而不能去吃美味的大餐；每天和老师在一起，而不能和爸爸妈妈见识外面的新奇世界；每天都要坐在教室里守规矩，而不能自由地去外面欢笑闯荡。更难过的是，他们还会认为老师讲的那些数学好难懂，那些英文好难记。

"妈妈，我能不能不去上幼儿园？"

"妈妈，今天周几了，明天是不是周末了？"

"妈妈，我想去姥姥家。"

"妈妈，奶奶说你们小的时候都不上幼儿园，我为什么要去？"

"妈妈，我肚子疼。"

孩子的这些问题或理由，都有一句潜台词就是"今天不想去幼儿园"。大部分孩子都有这样的行为出现，中期分离焦虑的表现不像是初期分离焦虑那么强烈和迅速，而是来得慢，去得也慢。看着孩子那哀求的眼神，看着孩子低落的情绪，很多家长便妥协了——幼儿园，不上就不上吧，明天再去。

我遇到过一位妈妈。到了冬天，因为怕孩子冷，这位妈妈就让孩子10点多才去幼儿园，下午也会提前一个小时将孩子接回家。这位小朋友的身体素质较一般孩子要差，可能有天生体质的因素，但是我觉得与缺乏体育锻炼有关系，因为到校晚离校早，其他孩子早上和下午都有做早操和体育锻炼的时间，而他没有。此外，这位小朋友的作息也和班上的其他孩子不同步。因为其他孩子都是早上7点起床8点准时到幼儿园，而他则是早上9点起床10点才到幼儿园；其他孩子午休的时候，他不困，就在小床上鼓捣。还有特别重要的一点儿就是这个小朋友越来越不合群。这也在情理之中，别的小朋友有很多的时间一起交往，而他和别的孩子接触的时间比较少，自然难以形成比较稳固的同伴关系。这个孩子是这个班上"中期分离焦虑"最严重的孩子。即使按照上午10点入园、下午3点离园的作息依然无法做到全勤，还经常请假。

我们不否认这位妈妈对孩子的爱，但是我们必须说这位妈妈做错了。孩子出现了"中期分离焦虑"，最好的方法是疏导。孩子逃避，家长们不能逃避。即使是幼儿园，也别轻易为孩子请假，这是家长们首先应该意识到的。

当然，生活中我们不乏坚持原则的妈妈，在孩子出现种种"中期分离焦虑"行为时，她们坚持到底，决不由着孩子胡来任性。我们同样相信每位妈妈美好的初衷，但是又有多少孩子伤在了妈妈的不坚持原则之下！

面对孩子的中期分离焦虑，既要坚持原则，又要用对方法。

有一段时间，我一直在一个馄饨馆吃早点。因为临近小学，所以来这儿吃早饭的大多是父母和小朋友。我进去的时候，正好有两桌客人，两个小男孩坐在靠门的一桌，另外一桌是一位妈妈带着两个小女孩。

在我等馄饨的时候，我听见第二桌客人中的妹妹总是嘟嘟囔囔，仔细听了听，原来是小女孩头晕，不想吃饭。较大的姐姐在一旁说："你快吃啊，一会儿就该迟到了。"

妹妹说"我想吐"，然后就跑出去吐了。

妈妈在一旁对姐姐说："妹妹就是因为不想去幼儿园才头晕的，所以咱们别老提上学这件事，妹妹就会心情轻松一点儿。"姐姐点点头，果然在接下来的时间里，姐姐和妈妈配合默契，找别的话题，逗着妹妹。

"周末我们可以去西雅图蛋糕店做蛋糕。"妈妈说。

"好啊，好啊。"姐姐兴高采烈地说，"小妹，这次我们用玫瑰花做花边，超级漂亮。"

"是吗，那她们有玫瑰花吗？"妹妹的眼中马上就有了光彩。

10分钟后，母女三人出门了，我相信妹妹的目的地肯定是学校，而不是中途回家。我由衷地为这位妈妈鼓掌。

上文说过，孩子出现"中期分离焦虑"通常是因为受够了幼儿园的单调、枯燥。聪明的家长既要从引导孩子感受幼儿园内的丰富和快乐入手，也要学会安排好园外时间、亲子时间，让孩子有"盼头"。只要有了这种意识，克服"中期分离焦虑"其实并不难。

## 4. 请坚强地转身，老师的安抚可能更有效

我遇到这样一位妈妈。这位妈妈对于孩子进入幼儿园特别不舍和不放心，极力要求园长给予她一星期旁听的机会。最终园长拗不过她的软磨硬泡，答应让其陪读两天。

后果可想而知，孩子就赖在妈妈怀里，不听老师讲话，不去与其他小朋友交流，而且这位妈妈显然也影响了班上的教学，最后在园长的劝说之下，这位妈妈才答应离开。

妈妈刚离开，孩子就哭了起来。妈妈在教学楼前听着孩子的哭声，马上就想转身。

"你就放心吧，我看这个孩子没问题，绝对能够适应幼儿园，他的老师们会给他最好的帮助和引导。而您在这里反而会起反作用。"园长及时制止了这位妈妈。

在这之后的每一天，这位妈妈都是这般心如刀绞似的离开幼儿园。但是令人欣慰的是，孩子正在逐渐适应幼儿园的生活。

园长说的并没有错，尽管分离焦虑不可避免，但是通常来说，最好的解铃人可能是我们那些可爱的老师。

老师像妈妈一样的温柔，给予孩子关怀。尤其是小班刚入学那一个月，老师哄完这个孩子就接着哄那个孩子，他们会鼓励孩子们自己吃饭，会逗孩子笑，会用自己的魅力吸引孩子的注意力，征服孩子。

面对分离焦虑，家长请坚强地转身，老师的安抚可能更有效。当然，这并不意味着家长们可以完全放松，把重担完全抛给老师。老师有效的安抚通常来自于对症下药，家长首先要帮助老师尽快地了解孩子的个性，老

师才能对症下药。因此，家长需要做的事包括如下几点：

**第一，孩子入园时，家长要给老师写一封介绍孩子的信。**

这封信要介绍孩子的自理能力和生活习惯，这能让老师快速掌握孩子的基本情况，对孩子适应幼儿园非常有帮助。

很多家长都是采用口述的方式向老师介绍孩子的情况。这种介绍通常都是片段式的只言片语，并不全面；另外，面对这么多的家长和孩子，老师也会记不住或是记混了。而信件介绍更为全面，也能方便老师随时查阅。

鼎鼎一开始上幼儿园时，我就采用了这个方法，我给老师的信是这样写的：

各位老师：

你们好！为了帮助鼎鼎更好地适应幼儿园的生活，我现在把他的基本情况汇总一下。希望老师多费心，帮助他尽快融入小二班的集体中。

鼎鼎的性格完全不像他的名字，因为他是一个坐不住的"鼎"。所以我比较担心他入园后能不能安静地坐着。他非常喜欢自己鼓捣一些工具类的小东西，有着很强的好奇心，会专心致志、兴趣盎然地看爷爷修理家具。

爱修理的鼎鼎力气也比较大。我自己感觉鼎鼎的痛感神经弱一些，不爱哭，即使是打疫苗，也只是象征性地哭几声，哄一哄就好了。平时磕了碰了，也就哭几声。

他也很大方，想要取得他的合作只要夸他就可以，得到夸奖后他几乎会把所有的玩具都拿出来，如果是命令就不太行得通。

鼎鼎非常喜欢小朋友，尤其是比他大的小朋友，但是他也容易与小朋友发生冲突。他在家因为太喜欢表姐而紧紧挨着小表姐，甚至把小表姐挤到墙边。希望老师能够帮助鼎鼎，引导他交朋友，教会他与小朋友友好相处。

在吃饭方面我比较头疼，鼎鼎两周岁的时候就会使用筷子，爱吃绿色蔬菜，也爱吃肉，爱吃包子、饺子之类的食物，口味偏重，但是饭量却不是很大。因为我感觉他的活动量太大了，所以经常追着喂，但是效果并不理想。希望老师能够引导鼎鼎独立、有规律地进食。

在喝水方面，他自己会接饮水机的水，也能主动去喝水，就是特别不爱喝热水，非要喝凉水不可。

在上厕所方面，鼎鼎有了需要能准确地表达出来，当然偶尔也会因为玩得太兴奋而尿裤子。在家他一般都是使用小坐便器，但还不会自己擦屁股。

鼎鼎的睡眠是令我头疼的一件事。他的午睡特别不规律，可能与爷爷奶奶的教养方法有关。从小爷爷喜欢抱着、摇着他睡觉，以至于他现在都得拍着才能睡着，而奶奶什么都由着他，经常是下午四五点钟才午睡，因而又影响了晚上的睡眠。

鼎鼎的基本情况就是这些，希望他能够在各位老师的陪伴和教导下，有一个快乐的幼儿园生活。

各位老师，费心了。

鼎鼎妈妈

如果我们是有心的妈妈，就一定要把孩子的基本情况给老师介绍清楚，只有这样，老师才能帮助孩子尽快地适应幼儿园生活。

**第二，在孩子面前多讲老师的好话，树立其好形象。**

经常会听到妈妈这样对孩子说："在幼儿园，一定要听老师的话，要不然老师会狠狠地批评你。""老师最讨厌像你这样不好好吃饭的孩子。""我再也不管你了，你就等着老师收拾你吧！"

很多家长在气急败坏时会对孩子说出这样的话，他们无非是希望自己的孩子在幼儿园能够听话。可是，这样的话语无疑对老师也是一种不信任和过分妖魔化，只会让孩子对老师产生一种恐惧心理。

刚上幼儿园的孩子，分辨是非的能力还不是很强，做出的很多判断都是依据家长的言论。当家长说"不听话，老师会打人"的时候，孩子就会认为这个老师真会打人，便会害怕和这个老师接触。这对孩子入园生活和学习一点儿好处都没有，不仅影响他们和老师的正常交往，还会让他们害怕上幼儿园。家长们要想让老师尽快引导孩子适应幼儿园生活，以上那些话一定不能说，而是要多说一些关于老师的正面的话，比如：

"老师会唱很多的儿歌，可好听了。"

"老师会讲很多有趣的故事。"

"老师会做很多游戏。"

"老师会折漂亮的星星，会剪很多漂亮的花朵。"

这样的话语，不仅能够吸引孩子，而且会让孩子对老师产生崇拜感，爱上老师，爱上幼儿园生活。

在孩子面前除了要正确评价老师外，还要正确评价孩子在幼儿园所接触的所有人和事情。比如：

不能说"不能太调皮，否则其他小朋友会打你"，而是要说"大家在一起休息、吃饭、玩耍多好呀"！

不能说"再哭，门卫叔叔就拿电棍打你了"，而是要说"门卫叔叔很辛苦，要尊重他们"。

不能说"饭菜这么差，也不知道厨房的人是不是贪污了"，而是要说"要珍惜饭菜，要多吃，才能长身体"。

不能说"保健阿姨拿针头过来了，不听话就给你打针"，而是要说"保健阿姨真厉害，可以保护你不生病"。

不管是幼儿园老师还是其他工作人员，都在尽心尽力地照顾着我们的孩子，他们值得托付，理应得到家长们的正确评价，更何况积极正面的评价有利于孩子更好地适应幼儿园生活。

## 5. 提高自理能力，减轻入园不适症状

生活自理能力是指孩子在日常生活中照料自我的服务性劳动的能力。这项能力在幼儿园阶段应当引起家长们的重视，这是孩子未来独立生活的必备能力。同时，我们还应该意识到，自理能力对于建立孩子的自尊心是非常重要的。因为自理能力的缺失而导致孩子们不爱去幼儿园的现象也是比较普遍的，很多孩子对幼儿园表现出不适应症状也都是因为自理能力的欠缺。

在家的时候，孩子什么事情都由爸爸妈妈来帮助，只需安静地等待，不管是生理需求还是心理需求，爸爸妈妈总是会在第一时间就满足孩子。但是孩子上了幼儿园，进入一个陌生的环境，很多事情都要自己来做，孩子们不管是心理上还是能力上都没有准备好，当然就会出现不适应症状。

果果和洋洋一起进入的幼儿园，两个人的表现却大不相同。果果适应非常快，能自己吃饭，午睡会自己脱衣服，起床也能自己穿戴整齐，她的幼儿园生活十分顺利，爸爸妈妈对她很放心。可是洋洋的情况却不太理想。洋洋吃饭很慢，几乎每次都是最后一个，如果老师说一句"洋洋就剩你自己了"，洋洋会"哇"的一声大哭起来；上厕所也需要老师帮忙，有时为了不引起同学的嘲笑，她都憋着不上厕所；午睡醒来后，洋洋也会坐在床上哭，因为衣服怎么也穿不好。接送洋洋上学放学的是爷爷奶奶，老师找两个老人谈过，奶奶只会说"她还小，在家我帮着她就行，在学校就得麻烦老师了"。洋洋因为自己在幼儿园总是做不好事情而变得越来越不喜欢去幼儿园了。

在中国，幼儿自理行为能力的培养并未受到家长足够的重视，这是中国早教中普遍存在的问题。很多家长认为孩子小、能力差，以后学习也不晚。然而在生活中，我们常常会听到孩子的这些请求："我来洗，我来拿，我自己……"这说明孩子有了想要学习和想要独立的意识，但是这种意识往往被家长破坏了。

"不行，你还小，不会做"，家长往往会这样回应孩子。家长过度爱护，许多应该让孩子自己去做的事，家长习惯包办代劳。孩子娇生惯养，一旦离开父母进入了幼儿园就会变得不适应。

因此，为了减轻孩子入园的不适应症状和分离焦虑症，父母要提前锻炼孩子，提升孩子的自理能力，这对孩子来说是非常重要的。

美国权威儿童教育专家詹姆斯曾经说过："依赖本身就是一项极为有害的弱点，它滋生懒惰，使人精神松懈，使人懒于思考，使人最终被他人控制。"

孩子从小就没有养成自立、自理的习惯，在家里什么都依赖父母，产生了依赖心理，长大了他怎么成为一个独立自主的人呢？

在培养孩子自理能力上，有时候勤劳的家长们要变得懒一点儿，做一个"懒妈妈"更能让孩子养成自己的事情自己做的好习惯。学会让孩子规划自己的时间和处理自己的事情，收拾自己的东西，这是"懒妈妈"的功课。

孩子小时候就应该逐步提高生活自理能力。孩子能够处理好自己的衣食住行是自理的第一步。

一个3～6岁的孩子，应该做到自己穿衣、自己吃饭、自己洗漱，自己整理自己的房间物品，能够使用一些简单的生活电器，能够记住一些乘车路线，能够使用金钱购买一些生活用品，等等。

其实，孩子们远比我们想象的要能干得多。从摆放碗筷和收拾桌子，到浇花和喂猫，孩子能干的事情有很多，而且随着孩子的长大，他们会变得越来越能干。

小孩子主动走进厨房，他要削土豆，他要洗菜，为什么不让他们去尝试呢？多做些家务，多积累一些做事的经验，这其实是为孩子的未来加码。

当然，很多父母之所以不让孩子承担家务，是因为担心孩子遇险和害怕孩子做错。怕孩子刷碗时将碗打碎伤着自己，怕孩子擦桌子时碰碎花瓶，反正孩子做家务，父母就心惊肉跳。

作为父母，我们要有勇气和孩子一起承担他们拙劣的动手能力产生的后果。因为他们是在学习中，我们要给他们这样一个机会。因此，我建议，父母要有足够的耐心和勇气，不要害怕孩子做错事情，要允许孩子犯错，这是在给他们学习的机会，是在让他们积累经验。这种经验成本是家庭应该支付的，如果我们不付出，孩子怎么可能成长呢？

"懒妈妈"并不是无事可做，要承担"训练员"角色，既要训练孩子的动手能力，又要训练其动脑能力。可以让孩子学习剪纸，制作标本、玩具等，提高他的动手能力，还可以训练孩子自己去乘车买票，自己问路。

另外，一定要多鼓励孩子参加社会活动，尽可能地为他们创造服务社会的机会，让他形成服务社会的观念，这样有助于孩子形成责任感和集体荣誉感，让他更适应社会。

我朋友的弟弟哈佛留学申请没有获得通过。他的成绩非常好，但是在面试的时候却没通过，原因就是他的社会活动非常少。

其实，因为这样被拒绝的中国好学生有很多。中国的学生，高中成绩响当当，数学都达到了研究生的水平，物理化学也很强，但是要想读外国名校还是有一定难度的，这类学生大多都卡在了"课外活动经历"这一项上。

你做过孤儿院、养老院的义工吗？

你打扫过小区、通过下水道、种过树吗？

你当过政府的志愿者吗？

这些统统是课外活动经历，包括参与体育活动、公共服务、才艺展示和学生管理等方面。如果这一项没有记录，哈佛大学是拒绝录取的。他们认为，一个成年人从来没有做过这些事情，将来如何研究体育、如何研究公共服务、如何研究艺术？

对于幼儿园阶段的孩子来说，让他参与类似上面的一些社会活动可能有些困难。但是他可以做到的是维护公共环境，尊老爱幼，互相帮助，孝敬父母，等等。通过这些简单的活动，让他形成服务社会的观念。随着年龄的不断增长，能力的不断提高，他可以参加的社会活动自然会增加起来，他的人生阅历也会越来越丰富。

# 6. 什么样的陪伴才是成长的礼物

我们都知道这样一个故事，一个只有几岁的小男孩攒钱向爸爸买时间，希望整天工作的爸爸能够陪伴自己一会儿。这个故事感动了无数人，也让很多家长开始反思自己的教育方式。家长不陪孩子吃饭，而陪客户吃饭；家长更愿意待在办公室而不是回家……当孩子要求关注的时候，父母就会十分不耐烦，有的甚至会大声责备孩子："我这么辛苦还不是为了你！"

孩子到底需要的是什么，这是每位父母应该思考的。当家长对孩子的爱用金钱来衡量的时候，可怜的是孩子，也是父母。我们都不否认物质对生活的重要性，我们也不会怀疑大部分父母对孩子的爱。但是，父母有没有想过，当你把大把的钞票给孩子的时候，可曾看见孩子孤独的眼神？甚至当孩子愤怒地对你说"你根本不关心我"时，你可曾发现自己所给予的与孩子所要求的是如此的不同？父母将自己对孩子的关爱以恰当的方式表现出来，给予孩子需要的，这才是正确的爱。

给孩子成长的最好的礼物就是家人的陪伴，那么什么样的陪伴才是孩子成长的礼物？

**第一，精神层面的关注更重要。**

陪伴孩子，不仅是要了解孩子目前的身体以及生活学习状况，更重要的是对孩子精神层面的一种关注。

很多家长从幼儿园接孩子回家时习惯性地都会问"今天吃什么了，小宝吃得多吗""有没有喝水""有没有上厕所"之类的话题，等孩子大一些了就会问"你学了什么""你作业写完了吗"。总是问这样的问题，孩子会感到厌烦，而且传递给孩子的信号是：这些问题才是重要的。

其实，陪伴孩子首先是要做孩子的忠实听众，让孩子知道自己是被重视和被关怀的。孩子每天放学后，家长应多问问孩子在幼儿园里的情况，"小宝有没有帮助老师、帮助同学""今天又发生了哪些有趣的事情""今天都做了什么游戏"。相较于听从指挥和教导，孩子更乐于表达自己的见解和抒发自己的感情。

其次是要陪孩子一起做事。可以陪孩子做孩子喜欢的事情，这样可以了解孩子，拉近与孩子之间的距离，同时可以帮助孩子从父母身上获得认同感和安全感。更重要的是，陪伴孩子就是和孩子一起度过美好的时光，这些亲子间的甜蜜时刻无论是对孩子还是父母都是很珍贵的。

**第二，陪伴孩子并不是监督孩子。**

有这样一位家长，他寸步不离围绕在孩子左右，恨不能将孩子装进自己的口袋里。当孩子与其他人一起玩的时候，他目不转睛地盯着孩子怎么玩；当孩子学习的时候，他给孩子扇扇子；孩子朋友来家里玩的时候，他一定要开着孩子的房门。他为孩子定时，什么时间该起床，什么时间该上学，什么时间该睡觉。

在他的"陪伴"下，孩子从小学升到重点中学，成绩一直名列前茅。可是就在中考的前两天，孩子却失踪了！

他心急如焚地寻找，几天之后，孩子终于被找到了。孩子这样对他说："你对我的爱太沉重了，我感觉自己总是在被你监视，都快让我喘不过气来。我害怕我会中考失利，我害怕看见你的眼神。"

……

这位家长在陪伴孩子方面可谓不遗余力，但是事与愿违。

为什么？因为陪伴并不是监视，孩子们不需要监工。陪伴应该是一种善解人意的行为，监视却是一种无视孩子自由与独立的行为。

同时，陪伴不仅是时间和行动上的同步一致，更是心灵上的一种默契。家长要体会孩子对陪伴的需求，掌握陪伴的"度"。

**第三，陪伴，父亲不能缺席。**

由于社会分工的不同，很多家庭，相对于母亲，父亲对孩子的陪伴总是少一些，由此也形成了严父慈母的教育传统。父亲的缺席，也是造成父亲和孩子之间的关系比较紧张的主要原因。

明智的父亲不会只将自己定位于家里的"经济支柱"，只知道挣钱养家；明智的父亲也不会将自己定位于高高在上的权威者，只知道俯视孩子。父亲在教育孩子方面有着不同于母亲的作用。父亲会影响孩子的做事方式，也会影响孩子的品行修养，只有父母均衡的爱才能让孩子的人格更加健全。因此，父亲一定要给孩子一定的时间，将孩子导向正确的成长方向。

# 第三章

# 入园六大核心难题：孩子闹情绪，妈妈怎么办

孩子上幼儿园时正处于叛逆情绪的多发期，家长们招数用尽，效果却不甚理想，这时外人的帮助是非常有必要的。但是孩子进入幼儿园，绝不意味着我们终于摆脱了"小恶魔"，而是我们又多了一个非常能干的帮手——幼儿园老师。

　　有些话，老师说了，孩子更愿意听；有些事情，老师会更有办法。我们关注孩子在幼儿园的表现，与老师一起攻克孩子在这个阶段出现的种种难题。

# 1. 孩子总是坐不住、注意力不集中

3岁的多多去幼儿园适应了一个星期，老师说："多多太好动了，在小椅子上根本坐不住。即使是短短的10分钟，他都很难坚持下来。在上课的时候，他会走下座位去和别的同学说话，有一次甚至走进隔壁中班的课堂。"

更可怕的是，由于多多带头，班上几个男孩子也开始坐不住了，变得越来越淘气。

"你为什么总是坐不住呢？屁股上长钉子了？是不是得了多动症？"妈妈总是这样对多多说。

当然，多多并不是特例，很多孩子在进幼儿园之后都有这样的表现。

从婴儿到幼儿，3岁的孩子完成着人生的一次大角色转变，上幼儿园的意义非同寻常。其实大多数孩子在刚入园的时候"坐不住"是非常正常的现象，此时就被定义为"多动症"为时尚早。

尽管不能过分担心孩子的调皮好动，但是他们的好动可能会影响正常的学习活动和课堂秩序，还可能让孩子形成冲动、缺乏耐心等性格。因此，父母们还是应该对孩子加以引导，排除引起孩子分心的因素，不断培养孩子的自制力、忍耐力，这样才能提高孩子的注意力。

**第一，排除干扰，给孩子创造专注的环境。**

孩子无法集中注意力，其中一个原因是所处的环境太嘈杂。提高孩子的注意力，就必须给孩子创造出专注的环境。

不管是孩子在单独进行一些活动，还是我们同孩子一起看书、讲故事等，我们都要注意营造出专注的环境。其他家庭成员是否做到配合，电视、电脑、手机等可能会引起孩子分心的设备是否处理好，我们本身是否做到了全身心投入，这些都影响着活动效果。

即使是平时，也应该保持家庭环境的温馨和静谧。在安静的环境中，孩子心情更平静，小动作也将更少。

**第二，建立规则意识，提高孩子自制力。**

很多孩子正是因为没有规则意识，所以才会产生任性妄为的心理，导致不能自律。针对这种情况，父母必须有意识地让孩子了解日常生活中的种种规则，如吃饭的规则、交通规则、在学校应该遵守的规则、在家应该遵守的规则、对待他人应该遵守的规则、在公共场所应该遵守的规则，等等。

同时，在孩子触犯规则的时候，要选择恰当的方法对孩子进行小惩戒，并给孩子一个合理的解释，让孩子对一些规则产生明确的认知。这样，孩子下次行动前，肯定会先用心中的规则进行衡量，不知不觉中就产生了自律意识。

提高孩子的自制力，可以有的放矢地进行一些训练：可以让孩子学会安静地坐一段时间，让孩子做自己喜欢的事情，如阅读、画画等。开始的时候以5分钟为宜，之后时间可逐渐加长。还可以带孩子去钓鱼，或是去图书馆等比较安静的地方。安静的氛围有助于孩子平静下来。

**第三，让孩子学会忍耐。**

小孩子因为年龄和能力的关系，缺乏耐力和忍耐性，所以他们无法集中注意力去完成一件事情，做事往往冲动。如果有事情发生或是情况有变，他们就很难控制自己的情绪。小孩子无法忍受枯燥和困难，所以很可能会早早放弃或是半途而废；他们可能无法忍受他人的嘲笑，所以经常用拳头回击那些嘲笑他的人；他们也可能忍受不了等待，所以经常错过最好的时机。缺乏忍耐，会让孩子错过好成绩，错过好人缘，错过坚强独立的机会。作为父母，应该教孩子学会忍耐。忍耐可以锻炼孩子的心性，忍耐可以让孩子变得更加理智、更加专注、更加自觉。

## 2. 孩子上幼儿园为什么总是生病

　　到了冬天，我们发现幼儿园出勤率格外低，有的妈妈甚至选择冬天时不让孩子去幼儿园。妈妈们的理由都惊人地一致：天气太冷了，孩子在幼儿园特别容易感冒。

　　孩子进入了幼儿园确实容易生病，尤其是很小就入园的孩子更容易这样。有的妈妈就认为幼儿园孩子太多，容易交叉感染，能避免就避免，于是开始了正大光明的"逃学"。而这种想法和做法都是有失偏颇的。

　　其实，除了天气或是感染这些显性的外在原因外，孩子自身的神经发育不成熟才是导致其爱生病的主要原因。

　　三四岁的孩子正处于植物性神经系统不稳定时期，容易受到周围环境的影响，有的时候还会出现植物神经功能紊乱、情绪容易波动等现象。离开父母，进入到新环境的孩子，由于内心缺乏安全感会出现一些躯体症状，如头痛、肚子疼、呕吐、腹泻、发烧、睡眠惊吓等，这些反应就是老人们经常说的"上火"。而男孩们更容易出现流鼻血等症状。所以，不少孩子在家可能好好的，但是一上幼儿园就爱得病，这就是不稳定的情绪与不成熟的植物神经系统相互作用的结果。

孩子的抵抗力和免疫力都比较弱，幼儿园的孩子又比较多，如果有人生病了，是很容易交叉感染的，尤其是低龄的孩子。但是如果班上有孩子生病了父母就把自己的孩子接回家，是有些过分担忧了。这样做，首先不利于孩子适应幼儿园生活，孩子可能越来越难以适应幼儿园的集体生活。另外，与外界接触少的孩子未必就有抵抗力。

那么，如何改善孩子的体质，增强孩子的抵抗力，减少孩子生病的概率呢？

**第一，让孩子保持良好的生活习惯，多带孩子参加户外运动。**

要让孩子身体健康不生病，就要让他养成良好的生活习惯。早睡早起，按时吃饭、按时睡觉，生活作息比较规律的孩子往往身体素质也会特别好。

家长的生活习惯一定要健康，这样才能成为孩子的榜样。即使是节假日，也最好让孩子坚持早睡早起，不要打乱孩子的作息时间，一定要保证孩子有足够的睡眠时间。

平时多带孩子去户外活动，经常让孩子做一些适当的消耗体能的运动以增强孩子的免疫力。

**第二，孩子生病时，完全调理好了再送幼儿园。**

幼儿园孩子多，出现交叉感染在所难免。为了孩子的身体健康，基本上每个幼儿园都会配备保健医师检查孩子的健康状况，还提醒家长近期的常见病是什么，教家长预防的方法和注意事项。因此，家长要经常关注孩子的身体状况，做好预防措施，以免孩子生病。

为了孩子的身体健康，建议家长一旦发现孩子生病，要及时把孩子的情况告诉老师，药物也要交给保健老师按时给孩子服用。如果孩子病情比较严重，家长最好让孩子留在家中治疗，毕竟父母的照顾与陪伴对于病中的孩子来说是最大的安慰。

有的家长看见孩子病了，赶紧接回家打针吃药，过两天看到孩子没有什么明显症状了，又赶紧送幼儿园，这样做往往使身体还没有完全康复的孩子病症复发，变得更难治疗。所以孩子生病了要接回家积极治疗，要等孩子痊愈之后再送幼儿园，并且在康复期间与老师保持密切沟通，让老师知道孩子最近的情况，做好保育工作。

**第三，三分寒七分饱，注意让孩子均衡饮食，穿衣要合适。**

有的孩子爱生病是因为饮食上出了问题。

很多家长对孩子百般宠爱，什么都依着孩子，尤其是在饮食上。只要孩子爱吃的东西就随便让他吃，孩子不爱吃的就不吃。孩子饮食不当，吃太多、吃太好很容易导致积食，积食就会出现发烧、咳嗽等症状。其实孩子也应该遵循早餐吃得饱、午餐吃得好、晚餐吃得少，不挑食不偏食的饮食原则。

为了增强孩子的抵抗力，平时少给孩子吃糖分过高的食物，以免干扰白细胞的免疫功能，使抵抗力下降。多吃水果和蔬菜，能提高人体免疫能力。

值得注意的是，有的家长担心孩子在幼儿园吃不好吃不饱。孩子在幼儿园吃完晚饭，回到家中又随着大人再吃一餐。不少家庭的晚餐时间比较迟，孩子吃了饭就该睡觉了，而没有任何运动，肚子里面的东西来不及消化，很容易造成积食、上火，从而引发呕吐、发烧、脾胃失调等问题。幼儿园的三餐基本上能够满足孩子的生理需求，晚上回到家中尽量让孩子吃一些容易消化的水果或是奶制品，晚上不要给孩子随意加餐或是让他吃太多肉。

除了饮食，穿太多也会导致孩子生病。

很多家长都说我已经给孩子穿了很多衣服，他怎么还是常常感冒。

有的家长会格外嘱咐老师不要随便给孩子脱衣服。尤其冬天时，幼儿园室内温度保持在24℃左右，而家长们害怕孩子冷而给孩子穿太多，孩子站着不动都已经非常热了，再经过一跑一跳，肯定是满头大汗了，怎么可能不生病。

人体的体温是靠散热和产热来保持的，活动是产热的重要途径。穿衣服可以起到减少散热的作用，衣服本身是不会产热量的。老年人活动少，只好靠多穿衣服维持温度，但是孩子好动，穿太多衣服肯定造成温度上升。有的孩子穿了很多衣服，手依然是冰凉的，通常是因为窄而厚的衣服限制了孩子的运动，甚至阻碍体表的血液流通。

冬天出了汗，衣服湿了就会凉，湿冷的衣服就增加了患感冒的概率。家长给孩子胡乱穿衣，而孩子自己又不懂得添或是脱，老师一时没注意到，孩子可能就会生病。

**第四，让孩子勤洗手，远离病菌。**

孩子一天的活动几乎都是靠手、足、口完成的，这3个部位也是孩子最容易感染病菌的部位。玩玩具，吃饭，接触桌椅板凳，接触别的小朋友，细菌甚至病菌就在接触中相互传染着。让孩子勤洗手，能让孩子减少和病菌接触的机会，孩子就不容易生病了。

有的家长发现孩子小的时候还比较爱洗手、爱洗脸、爱干净，但是到了三四岁，却变得邋遢了。以前吃完或是用完的东西都会放进垃圾桶，而现在则是果皮纸屑满地扔，让他去洗手比登天还难，催了几遍都催不动。3~4岁孩子不愿意洗手是一个普遍现象，强行给孩子洗手会让孩子非常痛苦。家长要发挥自己的聪明才智，可以做榜样示范，可以迂回教育，可以趁机引导，可以稍加奖励，让孩子养成勤洗手的好习惯。

# 3. 好好吃饭的3个要素

我之前也提过，鼎鼎的吃饭问题是最令我头疼的。

鼎鼎奶奶总是追着孩子让孩子吃饭，孩子总是摇着头不愿意吃。生气威胁、用好吃的零食引诱，不管是软还是硬，孩子就是不听。前天孩子还喜欢吃木耳呢，今天为了让他多吃一些，特地买了最好的木耳，可是孩子说变就变，一口都不想吃了。

也许因为鼎鼎的身体还算健康，尽管吃饭很令人头疼，却并不让我担心。而柔柔妈妈却十分担忧，孩子3周岁了，可是体重只有20斤，比同龄小朋友瘦很多，这孩子一到吃饭的点就说"妈妈我困了"。柔柔妈妈每天不停地询问柔柔：

"你怎么就不吃呢？是不饿还是不好吃？"

"一吃饭就发呆，可怎么办好？"

"再吃一口，就一口。"

"宝贝，你尝尝这个，你以前不是很喜欢吃鸡肉吗？来，吃一口。"

"吃一口菜吧，光吃米饭可不行。"

"孩子就是不好好吃饭，恨不得把食物塞到她嘴里，然后让她自己去反刍。"柔柔妈妈经常这样想。

"难道孩子就是不能好好吃饭？我要就此放弃吗？"

当然不行，孩子一定要拥有良好的饮食习惯，好的身体是孩子一生健康的基础。合理的饮食、充足的营养是保证宝宝健康成长的关键。每天因为吃饭问题和孩子上演世界大战的妈妈们，我们不妨来听听幼儿园老师的意见。很多孩子自从上了幼儿园后，吃饭问题变得好了很多。

鼎鼎上幼儿园后，我曾跟老师探讨过孩子吃饭的问题。老师叫我放心，在幼儿园的孩子基本上都会养成规律的吃饭习惯，主要原因是孩子在集体吃饭的环境中，有一种竞争意识和自觉意识，而且幼儿园一天的生活比较规律，也有着足够的活动量，在幼儿园的吃饭问题就少多了。当然这也需要家长的配合，这样孩子在家中才能够好好吃饭。

鼎鼎的老师告诉我，吃饭主要应注意3个方面——健康、规律和气氛。

**一是健康的饮食，吃多吃少不是问题。**

很多家长都纠结于孩子吃多吃少的问题，在餐桌上为了让孩子多吃一口想尽各种办法。很多长辈更是将他们小时候吃饭的"盛况"拿出来做比较。其实每个孩子的体质不一样，饮食量肯定会有所不同，而且现在的孩子基本上不会有饿肚子的情况，有牛奶豆浆、水果加餐，主食正餐的量肯定会减少一些。对于孩子的饮食问题，重点应该放在是否健康、是否营养均衡上。

营养不均衡会影响孩子的身体发育。挑食偏食是造成营养不均衡的主要原因。挑食的孩子吃得少，体质相应会虚弱一些，体力和精力都会稍差一些，免疫力也会低下，孩子容易生病，如感冒。家长们对待厌食、偏食、挑食态度一定要坚决，必须纠正孩子这些坏习惯。

只有正常、合理地摄入谷类、肉类、蔬菜、水果及奶制品，才能满足生长发育的需要。有很多父母将高蛋白食物当成孩子成长的灵丹妙药，不停给孩子进补。这种做法是非常不科学的。孩子如果过多摄食富含蛋白质的食物，会消化不良，没有了饥饿感自然就没有了食欲，更加不会好好吃饭了。

很多心灵手巧的妈妈会制作出特别丰富可口的食物给孩子，不仅造型美丽可爱，更兼顾食材的全面和多样性，这样的妈妈非常值得大家学习。

**二是有规律的饮食——少零食+就餐定时+独自吃饭。**

几乎所有的家庭都有这样的场景：

孩子在前面走走停停，妈妈端着碗追在后面："等一下，再吃一口，再吃一口。"孩子根本听不进去，嘴里抗议着："不吃！不吃！不吃！"一边扭头就往卧室跑去。半小时过去了，碗里的饭菜根本没有下去多少却已经凉透了。妈妈叹了口气，只好将碗收了起来。过了两个小时，孩子饿了，抽屉里面的零食成了他迟到的午餐。不需要人劝，也不需要人追着喂，孩子站在那堆零食前面大快朵颐。这一下，孩子的晚餐又不吃了。

这种状况属于典型的没有养成良好的饮食习惯。孩子的饮食规律了，他们才能好好吃饭。一定要让孩子在学龄前养成良好的饮食习惯。

规律的饮食，应该包括合理的饮食次数——每日5次，3次正餐和上下午水果、点心加餐，还要包括正餐和点心之间时间间隔不能过短，或零食、甜食不能过多等。如果孩子吃零食太多，可以减少甚至取消零食，这样才能让孩子的胃有休息的时间，等到吃饭的时候，孩子才会想吃。

还有的家庭，吃饭的时间太过随意，早上睡到十点钟才吃早餐。经常是孩子想吃就吃，或者什么时候想起来什么时候给孩子喂上几口，这些都会影响到食欲。此外，有的孩子常常边吃饭边看电视，或是边吃饭边玩玩具，结果，孩子的注意力被分散，根本忘记了自己在吃饭。有的家长见到孩子磨蹭，一把抢过孩子的饭碗来喂饭，结果就养成了追着喂的毛病。

因此，面对这样的孩子，首先要给孩子做好就餐准备。比如为孩子准备特定的就餐椅，让孩子在固定的餐位使用固定的餐具就餐，避免他吃饭时跑来跑去。孩子两周岁时就应该能够独立吃饭，不要追着喂，给他属于自己的餐具，让他自己吃。

家庭就餐一定要计时，就餐时间大约20分钟即可。我见过很多家庭，大人吃一餐要磨蹭一个小时，孩子自然养不成好习惯。一日三餐，上午9点

30分的水果时间，下午3点30分的加餐时间，一餐20分钟，他必须吃完自己的食物。如果孩子已经养成坏习惯，就要通过严格控制就餐时间等方式来进行调整，一旦孩子耍赖，父母一定要坚持，不妨让他饿上一两顿。只有这样，他才会明白，就餐不是他想象的那样是一种游戏。

**三是愉悦的气氛——心情好才能吃得好。**

周周每次吃饭总要出点小花招，爸妈着急免不了经常训斥他。脾气大的周周面对爸妈的训斥会不断地辩解，逐渐形成恶性循环，每到吃饭的时候就会不断上演训斥与辩解的镜头。

处于贪玩和逆反阶段的孩子会因为玩而忘记吃，又经常与家长作对。到了吃饭时间，孩子还是一动不动，家长的呵斥批评就劈头盖脸地下来了。也许孩子一开始并不是真的不想吃饭，而是父母的呵斥把孩子逼到不吃饭的地步。孩子进食时爸妈的训斥不但影响孩子进食的兴趣，且容易引起孩子的反叛情绪，影响孩子对食物的兴趣和消化系统的功能。

因此，父母要以十二分的耐心来对待孩子吃饭问题，就餐时切记不要训斥孩子，应当为孩子营造愉悦的就餐环境，无论吃什么都表现出吃得很香很满足的样子。父母的这种态度会潜移默化地影响孩子对食物的态度，让他逐渐学习好好吃饭。

## 4. 幼儿园吃饭的规矩在家同样适用

很多老师都有这样的体会，有的孩子经过一个周末重回幼儿园后，上一周养成的好习惯就消失了，尤其是在吃饭方面。要么是吃得少，要么是不好好吃饭。之所以发生这样的情况，是因为家长与幼儿园没有保持教育的一致性。家长们应该配合老师，即使是在家中，也不要为孩子的坏习惯破例，这样才有助于让孩子真正养成就餐的好习惯。

以下5个问题是幼儿园老师希望家长们在家里注意的：

**第一，不管是多吃还是少吃，一定要让孩子自己吃饭。**

有的家长很喜欢问小朋友是自己吃饭还是老师喂，是自己吃饭还是妈妈喂。其实孩子从托班开始就已经具备独立进餐的能力。可能是家庭环境的影响，有的孩子在这方面做得并不太好，但是经过一段时间的幼儿园生活，孩子们基本上已经能够自己吃饭。在这里，老师想请家长们注意的是老师们不会轻易喂孩子，就是为了培养孩子这方面的能力，但是如果家长格外关注这一点儿，认为老师没有好好地关爱孩子，然后在家仍然选择喂孩子进食，双重标准下，孩子其实不容易养成好好吃饭的习惯。

**第二，对幼儿园的饭菜不要过于严苛，以免孩子养成挑食的坏习惯。**

我们每次做家长调研的时候，家长们对幼儿园的食物意见最多。有的认为肉少；有的认为种类少，煎炒烹炸要样样有；有的认为餐具要使用一套，饭碗、汤碗、菜碟都要全套的；有的家长认为老师给孩子盛饭盛得少。其实，家长们应该注意的是通常意义上好吃的东西并不是营养全面或是适合孩子的，如油炸类的食物。幼儿园的食谱是从孩子的生长发育出发制定的均衡科学的食谱。如果家长看一眼饭菜就漏出不满神色，您皱起的眉头和充满疑惑的话，孩子们看到或听到了肯定会下意识地认为饭不好吃，时间长了就会形成一种误解——认定幼儿园的饭菜不好吃，从而导致在幼儿园不好好进食。

**第三，边吃边玩害处多。**

幼儿园在集体用餐的时候，孩子的饭桌上几乎不会放置任何无关的东西，也不会打开电视，为的就是让孩子养成专心吃饭的习惯。可是有的孩子回到家就是另外一个样子：通常不会安静地坐在餐桌旁，而且会不断地摆弄玩具，或是边看电视边吃饭。这种情况下怎么办呢？

提前10分钟收好玩具，给孩子订立雷打不动的就餐规则。

规定吃饭时间，时间一过收拾餐具，绝不等待。

玩玩具看电视等活动一定要在饭前结束，否则不能上桌。

吃饭时间错过了，在下顿饭之前将不会有任何食物可吃。

不要给孩子储存太多零食。

家长们如果有订立这些规则的意识，老师们也愿意在学校配合家长，引导孩子们在家也要遵守就餐纪律。

**第四，给孩子自由的就餐环境，不要以自己的喜好强迫孩子。**

在幼儿园会有这样的情况发生，小朋友吃饭的时候把米饭中的胡萝卜丁挑了出来。老师询问后才发现，妈妈认为胡萝卜有营养，竟然天天炒一盘胡萝卜给孩子吃。很多家长对营养有一种误解，比如认为菠菜含铁丰富就总是让孩子吃菠菜，鸡蛋营养丰富就强迫孩子每天吃一个。

其实，孩子对营养的需求应该是均衡的，不能光吃某几种营养丰富的食物，这样做很有可能会引起孩子的反感或是挑食。有的孩子排斥的不是饭菜，而是由饭菜引起的各种压抑和不自由。

给孩子自由的就餐环境，孩子基本上什么都吃，就说明不太会出现营养不足的情况。让孩子自己选择吃什么，吃多少，怎么吃。家长们只需要准备营养丰盛的饭菜，供孩子选择，其他的都让孩子自己做主就行了。

尤其是孩子食欲不振或是有些特殊原因而不想吃饭时，不要强迫孩子，观察孩子是不是暂时的。如果是暂时的，少吃一顿并不是非常严重的事情。

**第五，饮食也是一种教育。**

吃饭除了能够满足我们正常的生理需求外，还蕴含着很多学问，也是一种非常好的教育方式。

让孩子参与到餐前准备活动中，让他了解各种食物，了解做饭的过程；有条件的家长还可以让孩子参与到种粮食的过程中，自己种的蔬菜自己吃，让他了解饭菜的来之不易。

饮食给孩子们的影响是巨大的，家长应该捕捉任何一个可以给孩子教育的机会，日积月累，饭桌上也能收获意想不到的教育效果。

## 5. 孩子爱攻击人怎么办

在鼎鼎3岁时，我们搬入了新家，鼎鼎马上就和对面的奇奇哥哥成了好"哥们儿"。奇奇比鼎鼎大两岁，鼎鼎去他家做客的时候，表现得十分乖巧，两个人玩得也非常愉快。但是当奇奇来我们家中时，意外却发生了。

奇奇拿起一块积木，鼎鼎就要抢过来；奇奇又去拿玩具枪，鼎鼎又给劫持下来；奇奇碰了碰卡通枕头，鼎鼎马上就扔下手中的积木和玩具枪，抱住了枕头；奇奇兴奋地拿起了玩具枪，心急的鼎鼎抢不过奇奇，一下子就咬住了奇奇的胳膊。

那段时间，鼎鼎的伤人事件变得非常多。不管是年纪比他大的还是年纪比他小的，一旦双方发生冲突，鼎鼎就像是只被激怒的小狗，猛地就咬住对方的胳膊。因为咬人，鼎鼎在新的小区里几乎没有伙伴。

我意识到问题的严重性。跟很多妈妈交流后才明白，即使是女孩儿，在3岁左右也会出现一些暴力行为。他们的暴力往往来源于心中的愤怒和混乱，因为不知如何表达，最终以咬人、打人等暴力形式表现出来。

孩子的暴力行为多发生在他们面对挑战、威胁、挫折或是失败时。这个时候他们虽然出现了暴力行为，但是他们的内心却是十分脆弱的，更需要关怀。他们此时的暴力行为更应该解读为自我保护，而不是攻击性和掠夺性。这也就是为什么鼎鼎能够在别人家表现良好而回到自己的领地就会出现暴力问题。他不会去掠夺别人的东西，但是他认为奇奇动了自己的东西就是掠夺。

在现代社会，孩子往往处于一个家的中心位置，他已经习惯了别人的迁就、谦让。另外，这个世界对于孩子来说充满了挑战和竞争，充满了危险和威胁，孩子们往往被要求更强、更好，他们也就容易对人际关系产生敌意。加上他们不善于察言观色，也会误解一些威胁状况，又不懂得表达和控制自己的情绪，因而做出"不知轻重"的反应。

此时，孩子的情感和感知方面发展得还不是特别完善，他们不了解本身愤怒的来源和强度，由于愤怒的感受与暴力行为之间缺乏足够的缓冲时间，孩子们选择抬手挥拳或是笑着走开只是在一念之间。

这样的解释，并不是为孩子的暴力行为寻找借口，而是能让我们找到真正纠正孩子错误行为的方法。以暴制暴绝对会让情况更糟糕，以柔克刚才行得通。

这种柔就是让孩子多一点点的同理心，多一点点的自我控制力，孩子对当下的情况有了较为清晰的认知，就会少一点儿愤怒，坚守住动口不动手的原则，孩子们的暴力行为就可以大大减少。身为父母，要引导孩子认识到这一点儿。

当时，我是这样做的：

**第一，强化鼎鼎心中关于愤怒和暴力的几点认知。**

孩子习惯将愤怒当作自己的盔甲，改变孩子用暴力行为进行发泄的情况，就要给他们更为充分的感情资源，让他们有能力应付来自老师的批评、父母的指责、同伴的嘲弄或是他人的拒绝所引起的挫败感。我首先要教会鼎鼎思考，他学会了思考，就能够正确处理自己的愤怒情绪。

在愤怒和暴力方面，孩子需要强化的几点认知：

生命永远是不公平的，你必须学着去面对。

当你觉得愤怒时，你不能伤害身边的人。

你必须想想你的行为会对别人造成什么后果。

不要去考虑那些实际上并不存在的威胁。

你一定要了解，控制自己的脾气并不会让你变成弱者。

**第二，给鼎鼎更多的爱和自信心。**

我们会发现，那些备受呵护的孩子，出现暴力行为的概率会非常小。爱能化解恨，这是毋庸置疑的。而鼎鼎出现暴力行为的那段时间，正是我比较忙碌的时候，我们分开的时间比较久。因此对鼎鼎的行为，我要承担很大的责任。

除了爱，孩子的愤怒、冲动和暴力倾向与缺乏自信有很大关系。孩子缺乏自信，急于向他人展示自己的能力，容易产生冲动情绪，这种冲动最终以暴力形式表现出来，这实际上是他们一种错误的自我保护。

正因为这两点，当孩子越是愤怒的时候，我们越要镇定和温柔。用我们的爱和陪伴，让孩子慢慢重拾自己的信心，回归正确的心理状态。

**第三，提高鼎鼎的自控能力，教他掌握控制自己行为的技能。**

有时候，孩子能够知道什么是正确的，什么是错误的，但是因为自律能力发展得还不是很完善，他们并不能够很好地约束自己、控制自己。实施了暴力或是愤怒行为后，他们通常会以大哭、害怕等表示自己后悔了。这就说明孩子缺少的是控制情绪的方法。比如，孩子总是控制不好自己的情绪，易冲动，如果他试着在这时候深呼吸或是默默数数，也许冲动就会克制住了。

在平时，多对孩子使用"轻轻地""慢慢地""缓缓地"这些程度副词，让孩子对大小轻重有所了解之后，也有利于他更好地控制自己的行为和思维。

**第四，教孩子正确表达爱的情感。**

以上所说的孩子的暴力情况通常出现在孩子愤怒的时候，但是鼎鼎还有另外一种情况，就是当他兴奋或是特别高兴的时候，也会出现咬人的情况。这同样是情感的不正确表达。

比如，我回到家中，鼎鼎会扑到我身上，"妈妈，我想你了"，然后使劲地亲我。这个时候，我心中自然也是十分开心和高兴的，但是一旦我回应鼎鼎，鼎鼎的力道就会越来越大，最终不是紧紧揪住了我的头发，就是狠狠地咬了我一口。

鼎鼎这样做，我当然很生气，可是鼎鼎却还是表现得很高兴。这同样是因为他还不会控制自己的力量以及不知道正确的表达方式。

为了避免孩子出现这种情况，我们在平时对孩子进行爱的表达时就不要经常使用亲吻、抚摸这些方式，而是更多地使用语言比较好。除此之外，还要提高孩子的自控能力。

## 6. 孩子胆小被小朋友欺负怎么办

我弟弟的孩子在上幼儿园前的大部分时间和爷爷奶奶一起生活在农村老家，所接触的孩子比较单纯和朴实。一上幼儿园，我们就发现了她在眼界以及胆量方面的确与班上同龄的孩子差很多。她有些胆小，而且有着一点儿"小羞涩"。到了游乐场之类的场所，她最擅长的是跑步，但是对滑梯之类的却永远敬而远之，也不会主动去和别的孩子一起玩，经常是看着别的孩子玩。

有的时候，游乐场的小朋友会抢她手中的玩具，而她的表情则是出现了几秒钟的生气，然后就是一脸失落地看着我们。看着她的样子，我就知道她急需大人们的安慰。

在外人看来，孩子文静听话，可是我却觉得弟弟的孩子不敢和熟人打招呼，不敢去主动交朋友，不敢在他人面前表现自己，尤其是在自己的权益受到侵犯时，不知道合理地维护自己的权益，她闷闷不乐的样子其实让弟弟和弟妹有些担心。

既不敢和人交往，也不敢尝试新事物，对未知的任何东西十分排斥，不仅不合群，而且和别的孩子在一起玩时，她始终毫无表情地依偎着父母。这样的孩子都属于胆小的典型，害怕交往，不敢冒险，沉默孤僻。我们都知道胆小不好，会导致适应能力差、信心不足，内心也不会得到快乐，但是如何才能使胆小的孩子变得勇敢呢？

其实，我们一家的性格都比较相似，都属于温和型的，但是我希望鼎鼎能够开朗一些，性格更阳光一些。家庭环境对孩子害羞心理的形成有着至关重要的影响。如果孩子的家长比较开朗，善于交际，常常去人多的场合，那么他们的孩子基本上也不会害羞，也比较善于与人交往，所以那时候我就决定如果想要让鼎鼎变得开朗、自信、勇敢，我们也该有所改变。

一旦外出，我会主动引导他和周围的人一起攀谈，同时也会引导鼎鼎与别的小朋友一起玩。

"鼎鼎，你看大姐姐遇到困难了，你去帮姐姐一下。"

"小朋友，你真勇敢，你能带这个小弟弟一起去玩滑梯吗？"

"鼎鼎，你看那个小朋友穿的鞋子和你的一样，你要不要去打个招呼？"

"鼎鼎，这是妈妈单位的杨阿姨，杨阿姨可喜欢你了，向杨阿姨问好吧！"

总而言之，想要改变孩子的胆小，妈妈应该从以下几方面努力：

**第一，让孩子走出去，别给他太多的限制。**

"放养"的孩子比"圈养"的孩子胆量大一些，自信一些。有的孩子胆小，是由家长因爱之名的限制太多，保护过度造成的。比如，不许在斜坡上玩，不许走在自己前面超过两米，不许跑，不许跳，不许拿任何钢的、铁的、带刺的、带刃的工具。孩子其实有自我保护的本能。如果我们过度限制他，保护他，一味地剥夺孩子尝试、冒险、失败的机会，当我们有朝一日不能再保护孩子时，孩子就很容易被挫折击倒。

我们应该认识到孩子的某些看似危险、破坏性的行为其实是他们在探索世界，此外，我们还应该给孩子提供大胆尝试的机会，教会孩子如何去使用工具，而不是让孩子躲避工具，教会孩子应对办法，而不是替孩子扫除一些障碍，这样才能让孩子切身感受到真实存在的世界。

**第二，让孩子肯定自己，变得开朗自信。**

对于胆小害羞的孩子来说，最大的心理问题就是自信心不足。

自信心并非生而有之，可以在后天经过训练培养出来。自信心更是从小就应该培养的，在家庭教育中，帮助孩子找到自信的感觉是非常重要的。让孩子变得自信起来就是要鼓励孩子敢于尝试、敢于冒险，对孩子想要表现、想要行动的想法予以支持和鼓励。

**第三，当孩子权益受到侵犯时，要鼓励孩子大胆表达出来。**

性格软弱的孩子在人际交往中往往属于吃亏的那一部分，他们宁愿在一旁默默关注同伴玩游戏也不加入，不喜欢说话更不善于争论。因此，很多时候他们是吃亏的。

我们不向孩子传播睚眦必报、小肚鸡肠、自私自利的思想，但是并不意味着孩子应该逆来顺受。当孩子受委屈时，我们鼓励孩子大胆表达出来，一方面是为了孩子的人身安全考虑，另一方面是为了让孩子明白善恶，辨清是非。

如果家长怀疑自己的孩子在幼儿园受到了欺负，首先要弄清事实真相，鼓励孩子讲述全部过程，其次鼓励孩子对老师讲出实情，然后协助孩子与幼儿园的同学共同协商出圆满的结果，达成和解。最后要告诉孩子怎么避免再发生这样的情况。

当孩子在幼儿园遭到别人侵犯时，首先要告诉孩子学会保护自己。如果别人的欺负仅仅是口头上的，那么可以不予理会，任何口舌之争都毫无意义，只能凸显素质涵养的不够。幼儿园的孩子是非常喜欢用言语挑衅他人的，如果你不理会他，他自讨没趣，也就会停止了。如果受到身体上的侵犯，就要教孩子学会保护自己。告诉孩子，如果别人和他打架时要保护好身体的重要部位，不要被人打到头部等。还有，如果侵犯者手里持有伤害性物体，如剪刀、刀片等，要避让、逃跑。还有一点儿非常重要，就是及时寻求老师的帮助。

# 第四章

# 了解幼儿园生活：活动是
# 孩子的全部任务

幼儿园的教育内容可以概括为五大领域——健康、语言、社会、科学、艺术。这个阶段孩子的身心特点决定着教育内容应该是全面的、启蒙性的，五大领域以活动和游戏为主要教学手段，相互渗透，从不同的角度促进孩子情感、态度、能力、知识、技能等方面的发展。

　　让孩子健康茁壮成长，能力有所提升，知识有所延展，情感有所丰富，是幼儿园的责任，也是家长的责任。为了达到上述目标，家长们和老师一样，任重道远。

## 1. 是什么让聪明的孩子变笨了

　　和所有的妈妈一样，我也希望我的鼎鼎聪明伶俐，加上我本身就喜欢益智类的游戏，所以我在给鼎鼎买玩具的时候，喜欢挑选那些对孩子头脑发育有帮助、有助于提高孩子智力的玩具。我买来各种各样的乐高积木、拼图、画笔、橡皮泥、悠悠球、魔方等，但是，鼎鼎似乎并未体察我的良苦用心，他最喜欢的就是玩沙子、玩水，他更愿意来来回回不知疲倦地奔跑，从路的这头跑到那头，大多数时间都不愿意看一眼那些色彩鲜艳有着智力开发功能的玩具。

　　我假装无视鼎鼎的意见，仍按照我自己的意图，用尽各种方法引导鼎鼎去喜欢上我给他买回的益智玩具。但是结局却是家里面到处都散落着一片一片的拼图、一块一块的积木，鼎鼎并不爱玩。

　　经过实践，我终于认识到那些所谓的益智玩具，都是抓住了家长们的心理弱点，家长们买来求心安，对于孩子却不一定会起什么作用。因为不爱玩这些玩具的鼎鼎并不笨，而那些痴迷于各种玩具的宝宝们也未见得多聪明。

　　家长们期望孩子聪明，其实很大程度上是期望孩子能够学习好，考上好的学校。因为痴迷于"脑子越用越灵"这句话，很多妈妈都会让孩子背很多东西，或者让他们玩拼图、玩积木等来开发智力。并不是说这种方法完全错误。其实，只有我们的身体在做有氧运动时，脑细胞的数量才会随着身体的运动而激增。这就是游戏和活动能够让孩子变聪明的道理所在，所以一定要让孩子做有氧运动。对于将要在学习这条长路上跋涉近20年的孩子们来说，没有一种训练方法能够像游戏那样，让他们真正感受到快乐，游戏和活动才是孩子们的全部任务，孩子们只有在游戏和活动中才能愈发健康、快乐。

日本的星子幼儿园以丰富的游戏活动内容著称。这所幼儿园的孩子都坚持跑步，他们发现跑步不仅可以锻炼孩子们的体魄，还可以促进孩子们头脑的发育。

星子幼儿园每年3月份都会有一场文艺汇演，5岁的孩子们要演出一台将近3个小时、长达6幕的舞台剧，这对于孩子们来说是一个不小的挑战。每个孩子都要记住大量的台词和动作表演。这就需要很多的时间进行排练，刚开始的几天，孩子们的表现都非常好，记忆力惊人，几乎完成了大部分背诵任务。

但是接下来的事情却令人惊奇。有几位老师提议，随着演出日期的临近，为了让孩子们更加熟练，挤出更多的时间进行排练，可以取消孩子的跑步活动。可是，结果恰恰相反，当孩子们的跑步活动被取消后，原来台词背得好好的孩子们，不知道为什么，记忆力反而退步了，台词都变得有些模糊了。

老师们都非常着急，还有几天就演出了，孩子怎么反而越来越差了，是不是因为不想演出了。孩子们表示"不是不想演出，就是不像以前那样能背出台词了"。孩子们也很困惑。

大家想来想去，最近好像只有"取消跑步"这一个变化，难道跑步和记忆力之间有什么关系吗？

于是一度中断的跑步活动重新恢复。令人惊讶的事情发生了，孩子们马上找回了自己的状态，又能轻易地演出舞台剧了。

没有什么比事实更能让人信服。

如果带着一定的目的，孩子们在活动的时候，脑的额叶和顶叶中的空间认知部分会变得非常活跃，智力自然而然得到开发。更重要的是，孩子们感受到了活动的乐趣所在。大脑中有和分泌多巴胺相关的沟回，如果孩子自发地、愉快地玩耍，这个部分也会变得很活跃。如果一个游戏很有趣，就可以长时间地对大脑产生刺激，孩子的兴趣也会越来越大。所以不仅要让孩子玩儿，更要让孩子玩儿得愉快。

一边是散落在一旁孩子们不爱玩儿的益智玩具，一边是直接简单有效的有氧运动，该选择哪一个，妈妈们应该明白了吧！

为了开发孩子的智力，费心地给孩子挑选玩具，但是它却不一定是孩子真正喜欢的东西，倒不如放开了手，让孩子尽情地玩耍。有时候，妈妈的良苦用心反而会成为阻碍孩子能力发展的绊脚石，太多的人工痕迹，严苛的教育气氛反而让聪明的孩子变笨了。

如果您还是一个在数不清的幼儿教材和学习用具前彷徨不定的妈妈，或是一个只想让自己的孩子干干净净地成长，执着于卫生整洁的妈妈，那么我想对您说，您这样是"捡了芝麻丢了西瓜"。

以前的我，只考虑用脑本身，盲目而愚昧地买了一大堆鼎鼎根本不喜欢的益智玩具，以求帮助孩子开发智力，却让鼎鼎错失了很多对于智力开发更有好处的户外活动的机会。希望我的教训能够给家长们提个醒儿：千万别忘了让孩子多活动多玩耍。不要嫌孩子在外面玩儿会弄脏了衣服什么的，要把它看成是会让孩子变得聪明的有氧运动。况且，玩耍不仅可以让孩子变得聪明，还能培养孩子的肢体协调能力以及团队合作、社会交往等各方面的能力。

孩子们虽然年幼，但是却有着比我们想象的多得多的思考和感受。孩子们年纪太小而不懂得表达时，家长们无法探知他们的内心；而当他们知道了该如何表达时，他们也知道了即使说了父母也不会听，所以也就不说了。我想告诉家长们的是，要懂得如何去爱孩子，让孩子快乐地玩耍也是一种学习。

## 2. 提升环境——给孩子最棒的玩具

通过上面一节内容的讲述，我想家长们一定明白我所说的"最棒的玩具"一定不是家中那些散落在各处的各种玩意儿——小汽车、手枪、玩偶、卡片。电视广告也好，逛街也好，只要孩子吵着买，家长就会答应。不仅如此，家长也将买玩具当成了一种爱意的表达，毫不吝啬。买的时候，昂贵无比，结局却是凄惨。那些玩意儿往往几天之内就成为摆设，很多家长在孩子长大后往往能收拾出一大筐这种东西，毫无意义，也毫无纪念价值。

即使给孩子买几千块钱的玩具，孩子也是刚拿到手的时候感兴趣，几天之后就会玩腻、抛掉了。与其花不少钱给孩子买玩具，不如去丰富孩子周边的环境，通过丰富的环境来教育孩子，让孩子玩在其中、乐在其中，这就是提升环境教育。其实，任何一件东西，不管是新旧，不管功用如何都可能成为孩子的玩具，都可能让孩子玩得高兴并受益匪浅。

大地、沙子、水、植物等自然环境是孩子们最棒的玩具。

很多妈妈都讨厌孩子手上粘上沙土。每次带孩子们出去玩，都要格外小心，怕他摸路边的草，沾地上的泥，担心他会接触到细菌和污染物。只要手脏了一点儿，就指责孩子玩得过分，要赶紧帮孩子洗干净，然后连哄带吓唬地制止孩子。

所以，很多孩子有这样的感觉，土是脏的，沾到了就要马上洗手。而且，现在城市里几乎很少能见到泥土，到处是柏油马路，游乐园里也铺设了塑胶，哪里有供孩子尽情玩耍的土地呢？可是对于孩子智力的开发，自然环境有着玩具不可比拟的优势。

我们小的时候，孩子们都是在田野里、山上成长起来的，而现在，到处是高楼大厦，很多孩子简直是成长在无菌室里，虽然干净又漂亮，但是却接触不到真实的大自然。土地、溪流、植物、昆虫，他们从来没有真正接触过。因此，家长们不仅不应该阻止，反而更应该鼓励孩子多亲近自然。只有在自然中成长，才能让人和谐地发展。

为了让孩子们体验到更多的自然生活。我和全家都商量过，鼎鼎2～5岁时要接触阳光、大地和蓝天，要看见溪流，要有沙土，要听见鸟鸣，要经常攀登高山。阳光能够给孩子开朗自信的笑容，大地能让孩子们的脚步更加稳健，蓝天和溪流让孩子的心胸广阔无边，沙土让孩子朴实勤奋。所以，鼎鼎在这3年间差不多一直生活在乡下的奶奶家。

我觉得我当初的决定再正确不过，鼎鼎没有出现虚胖、娇气、痴迷手机电脑游戏、近视、驼背等令很多妈妈苦恼不已的"城市病"。尽管没有凸显出一些惊世才华，但是鼎鼎结实健康、善良正直、阳光勇敢、踏实勤劳，正如我们期望的那样，在我眼中，他就是最棒的小孩儿。

也许有的父母让孩子接触自然环境并不如我们这般便利，但是在孩子的生活中，一定要注意给孩子提供以下几种自然界中的"玩具"：

**第一，沙子。**

沙子多形态，又具有一定的流动性，所以，孩子在接触这样的物体的时候，可以感受真实的自然。孩子玩沙子能玩很长时间，但是他们并不是简单地玩沙子。玩沙子就必须有工具，沙子最好和水一起玩，通过工具和水的加入，他们能将沙子塑造成各种形状。废物再利用的瓶瓶罐罐，有杯子、塑料瓶、空药瓶等，先装好水，再小心翼翼地把瓶子拿到沙地上。当孩子注意力集中时，自然就刺激了头脑和神经发育。孩子尽力保持平衡不弄洒一点儿水，那种专注与认真的神情，我每每看了都特别感动，更别提孩子无尽的想象力塑造出的各种新奇物品。另外，用沙子搭建城堡这件事不可能靠一个人独立完成，通常是小朋友们一起进行的。孩子在玩沙子过程中要与小朋友互相合作，因此可以从中学习到如何拜托别人、如何寻求帮助、如何领导、如何配合等合作能力与协作精神。

第二，水。

孩子们天生就是喜欢水的，"海"字是由"水"加"母"组成。我们每个人都是从母亲的羊水中来到这个世界上，可以说，我们是在水中孕育的。而且我们身体的70%都是水。在水中玩耍感到舒适和愉快是非常自然的事情。在水中玩耍，水会刺激到全身各处，这对大脑发育是非常有帮助的，任何高级的玩具都比不上水带给孩子们的好处。

不管是去游泳池嬉戏，还是玩一盆清水，都能让孩子找到乐趣。

第三，原材料。

给孩子买来的玩具，玩具车只能是玩具车，玩具枪只能是玩具枪，其他的用途再也没有了。但是给孩子们木块，孩子们既可以把它做成一辆车，又可以做成一把手枪。简单的几块木头，孩子们可以尽情发挥自己的想象力，玩出各种花样来。木块、纸板、布、塑料都是非常好的玩具材料。

第四，变废为宝。

刚才我们提到过孩子玩水时的各种瓶瓶罐罐，都属于废物再利用。只要家长们稍微用点心思，孩子们就会自然而然地自己动手动脑，把注意力集中在游戏上。不仅如此，在游戏的过程中，让孩子们充分利用废旧物品，也潜移默化地培养了孩子们的环保意识。鼎鼎和姐姐玩过家家时，他们的手上看不到任何一件买到的玩具，尽管那些玩具非常常见，在任意一家商店都能买到。鼎鼎和姐姐用的都是已经使用过的小碗、木块、纸袋等，他们每次玩得都非常开心，完全沉浸在了他们的游戏中。

提升环境，让孩子们按照自己的想法，尝试着制作自己想要的东西，这种环境对于孩子的成长是非常重要的。

让孩子处在一个丰富的环境中，是比给孩子买玩具更困难的事情。虽然不会花很多钱，但是却需要处处费心，如此才能给孩子营造一个玩不腻的环境。

对于孩子来说，在一个丰富的环境中玩耍，即使父母不给买什么玩具，自己也可以玩得非常开心。孩子通过自己的思考，熟悉游戏的方法，在玩耍中获得快乐和成长，这是我对孩子的期许。

如果您也抱着和我同样的想法，那么从现在开始，就清理家中的玩具吧。因为玩具不仅会让孩子变得占有欲强烈，而且还可能剥夺孩子的创造力。

## 3. 你相信幼儿园孩子能跑马拉松吗

去年夏天，鼎鼎奶奶去鼎鼎姑姑家帮助照顾伊伊表姐。伊伊表姐比鼎鼎正好大一周岁。可是奶奶到那，根本没有帮上忙。而最令奶奶头疼的事情是出门，要是和伊伊表姐一起外出，光是做准备就能愁死人。

刚踏出单元门一步，伊伊表姐就站定，用纯真的眼神仰头望着奶奶：

"奶奶，抱。"

"奶奶，我累。"

"奶奶，我不想走了。"

如果是奶奶自己带着伊伊外出，那大部分时间都得抱着或是背着伊伊走。如果是全家一起外出，大家哄着鼎鼎走几步，她还是会嚷嚷着腿疼，站在地上就开始耍赖了。

这时，伊伊的妈妈爸爸就会相互指挥："你快抱着她，她走不动了，快抱抱她。"

伊伊的家长是那种无论什么情况下都不会拒绝孩子、无条件爱着孩子的家长。很多家长也坚信这样才是正确的。

但是看着孩子越来越哭闹，无条件的爱并没有让孩子成熟起来，反而使其越来越任性娇气。你们心中的那块基石是否有些动摇呢？

在日本，很多小朋友都能跑完马拉松。看到这里，家长们不感到惊奇吗？

马拉松，全程是42.195公里，作为一个成年人，跑10公里的距离都觉得很困难。幼儿园的五六岁的孩子去参加马拉松比赛，还能跑完全程？

确实是，在日本，有这样一家幼儿园，被当地称为"马拉松幼儿园"。幼儿园是一栋两层建筑，小楼前方就是运动场。这个幼儿园有着悠久的历史，园长已经74岁了，他看上去坚毅而干练，而幼儿园里的孩子各个皮肤都散发着黝黑的光泽，看起来十分健康。

每天早上7点30分，孩子们就来到幼儿园。孩子们和老师问好，这和我们的孩子并无不同。但是，紧接着，孩子们做出了令人奇怪的举动，他们把书包、上衣和鞋子放进柜子，男孩女孩都露出可爱的腿肚子，穿着短裤，光着脚开始忙碌了。孩子们在没有人要求和指挥的情况下，自觉地打扫卫生，擦教室的地板，擦桌椅和鞋柜，5岁的孩子拿着大扫帚清扫幼儿园的操场。

"赤脚"对于这家幼儿园的孩子来说是非常平常的一件事。和这里的孩子相比，我们的孩子害怕出门，趴在爸爸背上或是妈妈怀里不肯下来，我们的孩子显得多么弱不禁风。有的孩子甚至无法站立在海边、草坪上，因为害怕鞋里进去沙子或是小石子，经常站着一动也不动。

如果我们的孩子也能像"马拉松幼儿园"的孩子一样朝气蓬勃该有多好啊！

这恐怕是每一个母亲的心愿。

"马拉松幼儿园"的孩子完成清扫工作后，就到操场上集合，整齐地排好队伍，开始跑步。园长跑在队伍的最前面，后面依次是5岁、4岁、3岁的孩子们和他们的老师。这家幼儿园的跑道是300米，孩子们每天都要跑上10圈，也就是3000米。这里的孩子在幼儿园的3年期间，每天都跟着园长跑3公里，从这个幼儿园毕业的孩子，身体怎么会不强壮呢？

当然，孩子们每天跑步的距离都是在他们身体可以承受的范围之内，而不会对他们的健康造成危害。孩子们的身体还处于发育阶段，天气情况、体力和身体条件等都是跑步时需要考虑的因素，过大强度的锻炼会对孩子的身体造成不良影响。只是，每个孩子都把"马拉松"这个看似可望而不可即的距离当成一个目标，每天坚持着慢跑。

3岁的孩子们肯定无法一次性跑完3000米。"马拉松幼儿园"的老师们有着特殊的方法，他们会为孩子订立几个容易实现的目标，如"我们先跑到秋千下""这次，我们跑到滑梯旁好不好"。

而我们在外出时，我也是用这样的方法和话语鼓励孩子的。

"走到那辆白色的汽车旁好不好，看见那辆车了吗？和小林叔叔一样的车。"

"在哪里，在哪里？"鼎鼎一边询问着一边继续向前走着。

"鼎鼎站在这个台阶上走，妈妈可以牵着你，是不是非常好玩？"

"还有5分钟就到家了，到家后就能吃到大虾了。"

"我们得快一点儿了，要不然就迟到了。"

"鼎鼎吃了一碗米饭，让妈妈看看米饭的威力吧！"

一味地强迫孩子跑步并不是一个好方法，在跑步中加入游戏的性质，跑步中间适当进行休息，效果会更好。对于成年人来说，长跑是单调而枯燥的一项活动，如何不让孩子对走路或是跑步感到厌烦，是家长们应该开动脑筋的。

坚持慢跑的"马拉松幼儿园"里的孩子们都健康结实，没有软骨病和佝偻病，他们几乎不挑食，没有扁平足和过敏症，即使患了感冒也会很快痊愈。在入园前有这些病症的，到了毕业的时候，也基本上消失了，没有特殊的方法，就是和其他孩子一起跑，一起玩，自然而然就变得健康了。

日本著名的研究人类大脑奥秘的科学家篠原菊纪博士认为，光脚跑步相比穿鞋跑步有很多好处。光脚跑步时对大脑的刺激会更强烈，双脚结结实实地踏在地上，对于大脑活动能够起到非常好的促进作用。

脚掌可以说是人体的"第二个心脏"，对于全身的血液循环也起到了非常重要的作用。光着脚跑步，可以提高记忆力和反应的敏捷程度。而长跑这样的有氧运动，能够促进血液的循环，对大脑也非常有益。

不过，也许有家长会疑虑，让这么幼小的孩子完成成年人都很难完成的马拉松，有这个必要吗？

"马拉松幼儿园"的园长笑着说："跑马拉松是要培养孩子们的梦想和他们的冒险精神。平日里的慢跑，是为了实现对马拉松的挑战——当孩子们挑战一项看似不可能完成的任务时，梦想就在他们心中诞生了。"

就是这样，跑步不仅仅只是为了孩子身体的健康，也是为了他们精神上的成长。幼儿园时期就是让孩子尽情玩耍，培养健康结实的身体；孩子把思想付诸实践，不计得失，不找借口，并且信奉"坚持才是最重要的"。

每天慢跑，最后可以完成马拉松，这是一个培养和刺激孩子目标意识的教育过程。

## 4. 爱玩是孩子的天性，引导孩子在玩乐中开发智力

美国知名心理学家、儿童早期教育研究者玛斯博士，经过多年研究认为：21世纪的儿童要在早期教育中获得影响未来的能量，不是通过灌输，而是通过游戏。现实也确实如此，很多聪明伶俐的孩子，往往也是喜欢玩耍的孩子。

居里夫人有两个女儿，大女儿伊蕾娜和小女儿艾芙。作为享誉世界的科学家，居里夫人教育女儿主要有两个秘诀：一是生活上严格要求，二是让她们肆无忌惮地玩。为了能让女儿们玩得开心，居里夫人在花园中特意装设了吊杆、滑绳、吊环和秋千，把这里变成了女儿们的乐园。每天只要一完成功课，居里夫人就放两个女儿到花园里自由玩耍，而且不管工作多忙、身体有多疲倦，居里夫人都会抽时间陪女儿出游，与大自然亲密接触。就是这样的尽情玩耍，两个女孩儿的智慧得到极大程度的开发，最终都成为影响世界的杰出人物——大女儿伊蕾娜在1939年获得诺贝尔化学奖，小女儿艾芙成为享誉世界的音乐教育家和传记作家。

对一个3岁的孩童来讲，玩耍就是他的生活的全部。他们在玩耍中认识和探索世界，在玩耍中积蓄成长的力量。玩耍对孩子而言，与营养丰富的食物、干净的空气、充足的睡眠和来自父母的满满的爱同样重要，是孩子们最为自然的学习方式。

玩耍能够让孩子更具创造力，用手边的瓶瓶罐罐假装飞机坦克来场"世界大战"，一根绳子就能幻化成利剑然后闯荡江湖，一个纸盒垫一张白纸就是环游世界的轻轨列车……玩耍中的孩子，突破了现实与幻想的界限，不断地进行着思考与尝试，根据自己设想的情节变化快速做出反应，加上玩耍中双手灵巧性的锻炼，从而促使大脑最富创造性的区域得到最深层次的开发。

玩耍让孩子拥有最为安全的情感表达方式。在玩耍中，孩子就是他所幻想的那个世界王，他可以随意删除和更改故事情节，不想9点钟上床，在游戏中他就可以赖床；不想吃胡萝卜，在游戏中他就可以扔得远远的。而且，他在游戏中可以无所不能，能是最聪明的科学家，能是最勇敢的战士，也能是最漂亮的公主、最酷的运动员。不仅如此，在游戏中他也可以安全释放自己的所有情绪，像厮打和争斗，这是现实生活中绝对不被允许的行为，但这一切却都可以在游戏中实现。而他在游戏中所设置的种种情节，又能让他将失望、害怕、愤怒或嫉妒等情绪在游戏中悉数品尝，这样的假想性体验可以帮孩子克服恐惧，学会承受和面对自己的情感和他人的感受。

孩子会玩和爱玩是如此重要，但很多家长却觉得自己的孩子并不会玩儿。在钢筋混凝土城堡中长大的孩子，玩伴少，出去玩耍的机会少，而且一个不注意，孩子就会被琳琅满目的电子产品吸引，投入电视、电脑和手机的怀抱。那么，父母朋友们又该如何引导，从根本上提升孩子的"玩商"呢？

**第一，教孩子呼朋唤友。**

父母们有没有发现，孩子其实在很小的时候就展现出交友的欲望。小婴儿时代，遇到别的小朋友，他们会一眨不眨地看，有机会还会上手触碰。再大一点儿，他们会对小朋友表现出非常强烈的好奇，但交往却只限于看，一有更亲密的行为，他们就会羞涩地躲起来。其实，交友也是一种能力，需要父母的引导和培养。

宝宝的羞涩，通常只是他们社交无能的外化。这个时候，父母不妨多给孩子们创造一些机会，引导他们一起进行游戏。这样不仅能让孩子在与他人的玩耍中增长与人交往的经验，提高孩子的情商，也能够让游戏变得更为有趣和有意义。

**第二，带孩子走进自然。**

"自然缺失症"的概念，是由美国作家理查德·洛夫在其畅销书《林间最后的小孩》中首次提出的，其目的就是揭示儿童因为与大自然接触的机会越来越少，从而导致一系列行为和心理上的问题。现代社会，高楼林立，自然和草地越来越不容易接触，加之电子产品在人们生活中的重要性不断增强，城市儿童患上"自然缺失症"的概率在不断增大。所以，各位爸爸妈妈，不妨多抽出些时间，带孩子去自然天地，闻青草幽香、听虫鸣鸟语，让广阔天地和斑斓自然，使他们的心变得宽广和丰满。

**第三，世界那么大，带他去看看。**

"我发现在旅行中人会成长得非常快，你会学到很多新东西。感觉在旅行当中，我20年所学的东西都被刷新了，很多东西都是我没有接触过的，包括地理常识，真正的地理知识是在旅行当中学的。我发现旅行当中可以弥补很多在正常的教育当中所没有的东西。我就觉得我不能让这一课在孩子身上缺失。"纪实摄影师、Everykid创始人红杏带着孩子佳佳走遍了大江南北，她的教育方式值得我们借鉴。

**第四，在游戏中加入创造性。**

以《纳尼亚传奇》《怪物史莱克》享誉全球的国际级导演、编剧安德鲁·亚当森，谈起自己的成就时，将大部分功劳归于自己的父母："父母从来没有制止过我玩耍，没有觉得我整天唱唱跳跳涂涂画画是在浪费时间，也从来没有对我说过'你能不能干点儿正事'的话。"

得益于这样的教育，安德鲁·亚当森又将这种成功的教育方式延续到了自己的孩子身上："我花大量的时间陪他们，和他们一起变换花样地玩耍，一起制订游戏规则，我们自己编歌然后给自己表演，我们还会分配小角色演出一幕小童话。我尽量不去限制孩子，鼓励他们的发明创造。我还会让他们看到我是如何进行创造的。我弹琴的时候，非常欢迎他们也来按上两下，虽然那声音很难听，但是我会表现出欣赏和快乐。我经常带他们到工作室玩耍，鼓励他们坚持不懈地涂鸦。我从不用过高的要求去浇灭他们的热情。孩子看到父母欣喜于自己的作品时，是孩子最大的快乐和自豪。"

# 5. 用音乐培养孩子的人格

匈牙利作曲家、音乐教育家科达伊曾说："音乐是人类文化绝不可少的部分，对于一个缺少了音乐的人来讲，他的文化是不完善的。没有音乐的人是不完全的人。"可见音乐对于一个人一生发展的重要性。

科学研究证明，音乐训练能对孩子的神经网络产生深远的影响，能让人享受到一种深沉的爱，心里充满快乐。这种情绪能促进孩子神经系统的发育，能够调节血流量和神经系统的活动功能，有利于记忆、理解、想象能力的发展，对孩子的身心健康成长大有裨益。

我们在怀孕时，胎教音乐就会对孩子的身心发展有积极作用。随着孩子慢慢长大，音乐对孩子的影响力日益凸显。几个月的孩子在苦恼时，如果我们打开CD，播放莫扎特的《小星星变奏曲》，孩子脸上的表情就有了变化，刚刚还是哭着的小脸，马上就露出了笑容，而且挥动着小脚，随着音乐晃动身体，眼神也放出了光彩。孩子有着对音乐丰富的感知能力。

鼎鼎到了两岁左右，在自己玩积木时嘴里会一直唱不停，那时候他还不懂什么歌词，只是"lalala""aaa"的音节词来回反复地唱，自娱自乐能够玩好久。这时的鼎鼎是非常快乐的，他用音乐表达他的幸福。再大一些，他就会唱一些简单的儿歌，到了幼儿园，唱歌的时间就更多了。音乐可以表达情感，这是毋庸置疑的。

还有一位美国学者通过对几百名学生调查发现，音乐能够提高学习效率。有边学习边听音乐习惯的男生，要比没有这个习惯的男生学习成绩好。平时习惯于听70分贝音乐的男生，学习成绩优于听40分贝音乐的男生。这是因为每一支乐曲都是由一定的速度、音色、强度、节奏等因素组成的，并且处在不断变化之中，表达和传递着某种意境，调节着人的心理活动，因而使学生大脑处于较佳状态。

此外，通过音乐可以锻炼孩子的想象力，促进其思维能力的发展，提高孩子五官四肢的灵敏协调反应能力，增强再造想象及创造性思维等。在熟练迁移、触类旁通的作用下，音乐对其他学科的学习也有着促进功能。所以，让孩子适当学习音乐，给他一对"聪明"的耳朵是很有必要的。

孩子从出生起就听着音乐，训练了听觉，当孩子三四岁的时候可以简单地学习钢琴或是小提琴，或是其他击打乐器。

想让孩子爱上音乐，家长就要注意随时给孩子创设一个热爱音乐的环境，以激发孩子学习音乐的兴趣。家长可以经常让孩子接触音乐，最简单的可从童谣、催眠曲开始，让孩子习惯音乐的节奏与旋律，然后可以教孩子唱歌，陪孩子听各种音乐。

除此之外，家长还可以带孩子倾听自然的声音。例如，到郊外踏青时，引导孩子静心聆听鸟叫声、流水声、风吹过树林的声音等，体会大自然的音乐。家长还可以发问的方式让孩子辨别各种声音，培养他对声音的辨识力。家庭条件好的可定期安排全家一起去听音乐会，体验临场演出的震撼与感动。家长平时与孩子听音乐时，也可以分享彼此对演奏曲目的感受，启发孩子更深层的欣赏认识等。

对那些有音乐天赋的孩子，家长不妨及时加以引导，用科学的方法去开发、训练和培养他，不仅有助于其气质的形成，也有助于其未来的人生发展。家长们一定要注意：音乐学习是一个循序渐进的过程，不能操之过急，要培养孩子持之以恒的兴趣。

那么怎么判断孩子是否有音乐天赋呢？家长们可以在日常生活中加以观察。

在家庭生活中，那些有音乐天赋的孩子自幼喜欢唱歌，特别是别人没唱过的歌。这些孩子的音准、节奏比较准确，而且还能用符合歌曲内容的表情歌唱。不管什么时候，孩子对声音都是十分敏感的，听到音乐时总是全神贯注、专心致志。

没有专人的引导，有音乐天赋的孩子能自发地亲近某件乐器，喜欢摆弄，甚至自己能够弄出准确的曲调来。

有音乐天赋的孩子对各种声音有特殊的兴趣和敏感。例如：风声、雨声、水流声、波浪声、树叶声、雨滴声、虫鸣鸟叫声，或者能辨析脚步声、敲门声，等等。

如果孩子具备以上一些特征，那就说明他具有优秀的音乐发展潜力。

这个时候，家长应该及时引导孩子向音乐方面发展，以便孩子长大后能够在作曲、演奏、演唱、音乐鉴赏等领域有所成就。

此外，父母也可以请专业的老师，为孩子做一个测试，以便做到心中有数。

当然，测试结果一般，家长也不必失望。鼎鼎就在测试中表现一般，并且电视中播放音乐时他也不太在意。但是，我依然会给他播放音乐。

对于一个普通人来说，音乐绝不是他一生的全部，但是我们可以说，音乐将伴随他的一生。同样，对于孩子们来说，音乐也是他们健康成长过程中的必要组成部分。在音乐的潜移默化中，孩子的人格日渐丰盈完善。

## 6. 公共场合，礼仪从准备中来

有哪个成年人愿意在公共场合丢脸面呢？

但是，作为家长，你得随时面对这样噩梦般的经历：

你到超市购物，每当到了糖果区，后背就会冒起一股寒气，因为这是"事故"多发区。孩子到了这个地方，就开始为父母下达命令：

"我要这个，我也要这个，我还要那个，这个，这个，这个我全部要。"

你当然不能由着他的性子来，经常吃糖果对牙齿不利，更不能纵容孩子想要什么就给他什么。孩子这时几乎以闪电般的姿势躺在地下，以雷声的分贝哭起来，手脚并用。你的周围迅速涌上一大圈人。大家热切地注视着你和你的孩子，看着你会怎么办，甚至有热心的观众开始指点：

"给他买点吧？"

"小孩子别哭了。"

有了"群众演员"的助演，孩子的表演更加卖力。你的怒火呼之欲出，然后又生生压下，只能咬紧牙关，匆匆往购物车里放了两包糖果，以制止孩子的哭声，然后离开这个"重灾区"。大多数父母都是这样选择的吧？

即使是刚刚学会走路的孩子，也拥有着最敏感的感觉，他们能够轻而易举地抓住父母的弱点，尤其是在公共场合，他们的哭闹往往具有更大的胜算。在家里，你或许还可能镇定地寻找到一些办法，但是到了公共场合，家长可能就会乱了手脚。

我有一回看见有个小孩儿在那边哭闹，妈妈在哄孩子："宝宝，不要哭了，不要闹了。"但孩子还在一直哭闹。那个妈妈没有办法了，竟然说："宝宝啊，妈妈不好。"孩子还在哭闹。那位妈妈竟然接着说："宝宝啊，那你打妈妈吧。"

那个孩子不理他妈妈，还在那里哭，那位妈妈最后竟然拿着孩子的手打起自己来："打妈妈，打妈妈。"那个小孩子慢慢地不哭了。

看到这样的母子，我真是不知该说什么好。

鼎鼎每次听说要和我外出，也是和其他小孩子一样，兴奋地又跑又跳。我在出门前都会告诉他："如果在公交车上大声说话或是哭闹，我们就马上下车，知道了吗，大声说话会怎么样？""下车。""对了，要是从公交车上下来，我们就不能去超市了，也不能回家了。能够做到吗？""能！"到这里为止，我的做法应该和大家都是一样的。但是，最后我还会再加一句："鼎鼎是最棒的男子汉，如果公交车上没有座位了，就要站一会儿。把座位留给爷爷奶奶，以及更小的弟弟妹妹们。鼎鼎很懂事，能做到吗？""能。"然后我们就出发了，一路上孩子也没有因为任何问题而哭闹。

按事先计划好的，倘若孩子在公共场所哭闹不止，一定要执行先前的约定。比如，可以这样对孩子说："看来你已经替我们做了要离开的决定，我们能从你的行为中看出来。要不，我们下次再来吧。"想必孩子听到这样的话，会有所收敛。

但是，如果我们去的公共场所并不能马上回家呢？比如在火车上、飞机上。

婷婷和爸爸妈妈坐火车去爷爷家。在火车上，婷婷一开始因为新奇表现得还不错，可是到了下午午睡时间，难题就来了。婷婷哭闹起来，因为她想摸着妈妈的乳房睡觉。这是在家养成的习惯，也是母乳喂养后遗症。

爸爸妈妈劝说无效，婷婷继续哭闹。火车上大家都注视着婷婷。妈妈没有办法，还好是卧铺，捂上棉被脱了上衣，婷婷钻进被子里就不哭闹了，摸着妈妈的乳房就睡着了。

这是多么难为情的一幕。不管是选择让婷婷哭闹，还是选择打骂婷婷，都是一样的尴尬和难为情。

那么，我告诉这样的父母，在孩子和你都没有准备好的时候，不要带孩子去一些特殊场合。特殊的场合有特殊的氛围，孩子不明就里，要是不哭闹才是怪事。一旦闹腾起来，不但父母心烦意乱，也让周围的人跟着受罪。

我从来不奢望鼎鼎能够从一上车就安静地坐着，大部分的孩子几乎都做不到，根本不可能安静地坐上5分钟。有一次我们坐火车，鼎鼎在仰头看了几分钟的路边景色之后，有些坐不住了。这时，我的"装备"该上场了。

首先上场的是一个手指形的玩具，我放低声音开始和鼎鼎做游戏。

"我们在哪里？""在公交车上。""不对，在飞机上。""骗人。""在火车上。""不对。""那就在火箭上！"我们玩得不亦乐乎。

过了一会儿，手指玩具玩腻了，我又拿出一副迷你望远镜来，鼎鼎又开始看车窗外的景物，玩了好一会儿。过了一会儿，我又给鼎鼎补充点水和能量。

最后我又拿出一本绘本来让鼎鼎读书。鼎鼎偶尔有些吵，我就提醒他"小点儿声。"鼎鼎看一会儿书，看得困了就打起盹来。

当鼎鼎坐不住的时候，当鼎鼎玩腻的时候，一定要有新的事情或是新的玩具补充上来，这样可以让他转移注意力，避免给周围的人带来麻烦，也能让外出变得有意思起来。

这就是我的装备。

这些装备通常包括水、食物、遇到紧急情况可以替换的衣物、图画书、积木以及其他一些轻便有趣的小玩具等，当然，还有实在没有办法哄他的时候用的最后一张牌——糖果。根据你对孩子的关心和了解，外出时一定要做好这些准备。有准备和没有准备会有天壤之别。

用这些装备，鼎鼎很少在公共场合哭闹或是给别人带来麻烦，甚至去外地坐几个小时的火车，他都十分配合。家长们做好准备工作就能够让孩子在公共场合保持礼仪。

孩子和大人不同，大人可以为了不打扰周围的人安静地忍受无聊和不便，但是孩子却不会。遵守公共场合的秩序虽然是基本的礼貌，但是对于孩子却还不完全适用，所以家长的准备就异常重要了。

# 7. 动物朋友——孩子们的"品行老师"

像很多孩子一样，鼎鼎从生下来就对动物表现出了极大的关注。鼎鼎两岁多时乡下的鸡鸭牛羊、朋友家中的猫狗，还有认知书上的各种大象、老虎和企鹅，都成了他所喜爱的动物。我以为这是非常平常的一件事。

鼎鼎在两岁半的时候第一次正式去海洋馆和动物园。在海洋馆发生的一件事，让我不得不重新思考动物对孩子的影响。

那天，我们一起观看海洋动物表演。轮到海狮表演的时候，海狮不停地拍打着前肢和后肢，引发了全场的欢呼。

我发现鼎鼎以及周围的小朋友都随着海狮不停地拍手鼓掌，尤其是在海狮表演得非常精彩的时候。刚开始，我们认为是鼎鼎下意识的条件反射。但是海狮表演结束，轮到海豚表演，轮到白鲸表演时，鼎鼎仍然为它们鼓掌。

鼎鼎学会了为别人鼓掌，这竟然是海狮教会他的。

动物不仅能让孩子产生幸福感和愉悦感，而且也能成为孩子最好的品行素材。比如猫的温柔，狗的忠诚，老虎的勇敢，狮子的威严，牛的踏实，山羊的善良，猴子的伶俐，天鹅的优雅等。每一种小动物都是活的教材，为孩子们提供生动而有趣的解释。

从动物园回来之后，我就尽力带鼎鼎去接触各种各样的小动物，并且满足了他一直以来的一个愿望，养了一只小狗。

以前家里养宠物，我是连想都没有想过的。我是个连盆花都养不好的人，家里阳台上展示着我的"成果"——几个空空的花盆。植物尚且如此，动物怎么可能养活呢？再加上工作的缘故，养一个小孩儿都快让我力不从心了，怎么可能还有余力照料动物呢？

我那时只是想我没有时间照顾动物，完全忽视了鼎鼎的能力。从小狗进门的那天起，鼎鼎就成了狗狗的半个照顾者。在去超市的时候，鼎鼎会记得寻找狗狗爱吃的食物；在出门的时候，鼎鼎会记得给狗狗备好食物和水；在周末的时候，鼎鼎更愿意带着狗狗出去散步。鼎鼎的这些行为就像是妈妈惦记着孩子一般。

饲养动物带给孩子们最大的好处是让孩子们养成亲善的品格。动物的本能能让它们可以分辨出人们的行为是好是坏，所以孩子们也很快知道了自己的一些行为是动物喜欢的还是讨厌的，进而，孩子们也就知道了对于别人来说，自己的行为是好的还是不好的。

另外，看见了小狗变大狗，看到了鸡蛋变小鸡，看到了毛毛虫变成蝴蝶的过程，孩子们对生命有了认识，懂得了生命的宝贵和美好。

有人也说，在家里养动物，能够培养孩子丰富的情绪。孩子会每天兴致勃勃地观察动物，然后讲给周围的人听。很多狗狗和猫咪都是孩子心中的宝贝和开心果。

以前，我也想让鼎鼎变得亲善温柔，会为他人考虑，但是该如何教会鼎鼎这些，我却没有什么好方法，只能是口头上的说教而已，如看到别人遇到困难应该去帮助，对待他人态度要和蔼，但是这样说能让他接受多少呢？估计也就如同一小阵风，仅仅是吹起一小波涟漪。

功课可以在学校学，有教科书有练习册，但是如何为人处世，如何感悟生命，如何获得品行，口头上的说教太抽象，并且具体到每一件事情上，有时候我也不知道该如何处理才是恰当的。

现在，我知道了用动物做媒介，培养孩子亲善的品格和为他人考虑的包容心——动物成了孩子们的品行老师。

# 第五章

# 引导孩子学会与小朋友沟通，发展社交能力

"《弟子规》太简单了，数学分解也简单。我们园的孩子敢在主席台前讲话，能够完整地做出自我介绍，有很多会做微积分的大学生都做不到这一点。"

　　幼儿园首先是一个小社会、小集体，在此阶段，学会关注他人、了解周围的世界才是最重要的。引导孩子学会与小朋友交往，走出以前那个以自我为中心的襁褓世界，抛弃自私霸道、任性胆小、内向的个性，有你有我有他的世界更缤纷。

## 1. 最重要的事情之一：学会与小朋友玩

在我短暂的幼教工作期间，我最敬重的便是那家幼儿园的园长，他对幼儿教育小学化是非常深恶痛绝的。有的家长在考察幼儿园时最常询问的一件事情就是：

"你们学《弟子规》吗？大班孩子学分解吗？"

我们的这位园长的回答掷地有声：

"《弟子规》太简单了，数学分解也简单。我们园的孩子敢在主席台前讲话，能够完整地做出自我介绍，有很多会做微积分的大学生都做不到这一点。"

我非常认同这位园长的教育理念，后来我也把鼎鼎送进了这家幼儿园，他在这样的幼儿园学习成长，我是放心的。

我认为，在幼儿园阶段，学会关注他人、了解周围的世界才是重要的。

20世纪60年代出生在北京的孩子，一大群的孩子满大院地跑；20世纪70年代出生在农村的孩子，漫山遍野地撒欢儿；20世纪80年代生长在上海筒子楼里的孩子，在狭窄的街道里跳房子、跳猴皮筋、踢足球；现在的孩子生长在高楼大厦间，可是玩的地方只有他们家巴掌大的小客厅。"朋友"在现在的孩子心中成了稀有名词，如果你的孩子在放学后只能与电视为伍，如果你的孩子在节假日只能是抱着电玩打游戏，如果你的孩子一见生人就躲进自己的小房间，那么你是否觉得自己孩子的童年是不是少了点儿什么呢？

对，少了玩伴，少了与他人接触的机会，少了展示自己的机会。少了交际也就少了与这个世界的联系。

3岁是人际交往的分水岭，3岁孩子的活动范围大大扩展了，不仅仅是家里或是住所附近。因为他到了该上幼儿园的年龄，他开始有同学，这是平等关系；开始有老师，这是上下级关系。他的社交能力在这时应该向前提升一大步。

很多父母都有体会：有的小孩子特别喜欢打闹，其实这是孩子在潜意识中想与其他小孩子友好结交的表现。有的孩子喜欢用过激的动作和语言来引起其他人的注意，希望能够与其他人一起玩；有的孩子恰恰相反，他们会用默默无闻来赢得他人的关注，希望别人主动与自己说话交往。

不管孩子的表现是多么不同，这都反映了一个问题，小孩子是有人际交往的愿望的。家和学校是孩子主要的生活环境，因此他们交往的对象主要是老师和同学，他们交往的目的也比较单纯。

父母是孩子的第一位教师和指导者。当孩子很小的时候，虽然有寻找朋友的意识，可是并不知道如何去交往。这时候，父母一定程度上的指导就显得尤为重要。每个孩子都有交朋友的意识，可是为什么有的孩子善于与人交往，长大后能够赢得许多朋友，而有的孩子长大以后，只能躲在角落里孤芳自赏、顾影自怜呢？有的人将其解释为天性使然，可是天生的性格在后天也会受到环境的影响。如果父母能对孩子进行一些指导，小孩子也会变成社交达人的。

在社交中，他认识到不同性格的人，尝试融合进去，并不断认识自己，发现自己的优点，也找到自己的缺点。在发展友谊的过程中，我们重点要做的就是引导他学会用和平文明的方式来解决争端，而不是以哭闹和尖叫的方式。在孩子3岁入园期，父母更是要做好这方面的工作。

**第一，父母要成为孩子的第一个朋友，创造出平等民主的家庭环境。**

父母要关注孩子的交友情况，主动与孩子进行沟通，与孩子建立朋友式的伙伴关系，让孩子了解朋友间的相处模式，有助于孩子更加深刻地理解朋友的含义。朋友间交往，贵在真诚和平等。让孩子生长在平等民主的环境中，会让孩子在与朋友交往中设身处地地为他人着想，这样才能赢得别人的尊重。

**第二，教会孩子一些具体的社交方法。**

虽然朋友不是靠社交技巧赢来的，但是完美的社交技巧有助于结交到更多的朋友。孩子们的社交技巧并不是成熟的，教孩子社交技巧也不能太深。注意让孩子使用文明礼貌用语，主动关心别人，乐于助人，活泼大方，都是孩子具有好人缘的原因，这也是父母要教会孩子的社交方法的重点。

**第三，锻炼孩子的社交能力，及时鼓励和赞美。**

经常给孩子们一些锻炼机会，让孩子走出自己的房间，不再害羞。上街购物时，家里来客人时，公园玩耍时，都是锻炼孩子社交能力的好机会。每一天，我们都在与他人打交道，父母要充分让孩子意识到这一点。另外在孩子表现好的时候，要及时给予赞美，巩固孩子的社交能力。

**第四，塑造完美人格，让孩子尽显人格魅力。**

友谊是一个人人格魅力的奖赏，孩子间的友谊也是这样。一个孩子的友谊绝对不是一块糖果或是一个玩具车就能够轻易得到的。只有那些具有热心、爱心、真诚、善良的孩子才能赢得友谊。因此，塑造孩子的人格是父母培养孩子社交能力的重点。

## 2. 孩子不再是中心，家长要调整好心态

在幼儿时期，孩子容易以自我为中心，除了年龄小等生理原因外，另外一个原因就是生活的范围比较小，面对的都是家里人，在他们面前是被保护的对象，因此才让孩子觉得"我是世界上最重要的"。幼儿园应该是孩子进入的第一个实际意义上的集体。进入这个小集体后，孩子的社会性更为突出，可以说他们已经是社会人了，他们需要遵守社会各方面的规则，需要承受的压力也越来越大。因为不再是中心，他们的需求可能会被忽视，他们的要求可能会被拒绝，他们会碰壁，会遭受挫折。为了让孩子更快地适应自己不是中心的集体生活环境，父母也应该做出改变。

从未出生时，妈妈的子宫包围着宝宝，到出生后哺乳期怀抱着宝宝，到幼儿阶段牵着孩子，再到三四岁时离孩子有两步远，到了五六岁，家长与孩子的距离应该有一个房间的距离，孩子与父母之间的距离是随着孩子年龄的增加而逐渐增加的。过度保护、封闭孩子会使孩子失去与他人游戏的机会，也会使孩子失去认识他人价值的机会。在集体活动中，能使孩子品尝到成功带来的喜悦，体验到与他人合作的意义，从而走出自我的圈子。

其实，孩子对走入集体已经跃跃欲试，相反，很多父母却无法调整好自己的心态，总是认为孩子还没有足够的能力，总是认为孩子会受到伤害，因此对孩子进行着种种干涉。而自我意识逐渐增强的孩子怎么肯乖乖听任"摆布"？因此，叛逆行为、对抗行为层出不穷。

调整好心态的父母，会站在一个旁观者的角度关注而不是打扰孩子，会站在协助者的角度帮助而不是干涉孩子，他们会让孩子承担起责任，让他们独立地处理事情，让他们自己做出选择和决定。

**第一，放开手，用眼用心看护孩子。**

同事结婚，妈妈带着乐乐一起去参加婚礼。到了婚礼现场，乐乐说："妈妈，我自己去玩一会儿。"妈妈说："去吧，要注意安全，不能出这个大厅，不能淘气。"别的同事说孩子这么小，你怎么放心让他自己去玩。妈妈说自己早就跟乐乐说好了，而且基本上乐乐也能遵守一定的规则，再说自己也不是完全不管孩子。"我这是放开手，用心用眼看着呢！"妈妈笑着说。

这不，才10分钟，妈妈发现乐乐身边已经拥有五六个小孩儿，有比乐乐大一点儿的，也有小一点儿的。乐乐手中拿着一袋海苔虾条，一根一根地喂身边的小孩子们。

"该给我了。"

"马上给。"

一群孩子嘻嘻哈哈，吃得非常高兴。无论走到哪里，乐乐都是当之无愧的孩子王。

乐乐妈妈放开自己的双手，做一个旁观的陪伴者，让孩子自己去驰骋，去交朋友，去适应社会，孩子在这样的管理方式中成长迅速。他不会出现恼人的自私霸道问题，他会控制自己的情绪，学着照顾别人，完全就是一个小大人。因此所有的父母都应该向乐乐妈妈学习。

父母可以定期带孩子去外面玩，外出的时候鼓励孩子多和小朋友们一起玩，如去游泳馆、天文馆、动物园，在小区散步的时候和小区的孩子玩，还可以多请幼儿园的小朋友以及同事、朋友家的小朋友来家里玩，定期举行小派对。这样做的目的是帮助孩子走出"自我中心"，更加适应学校和社会。

**二，放弃下命令，让孩子学着做决定。**

通过对成功人士的调查，我们发现：幼儿遇到事情时做决定的能力有可能会影响他的一生，而善于做选择和决定的孩子，更具有判断力和决断力，这样的孩子思想更加成熟，在对未来的把握上也更自信，表现得也更出色。让孩子做决定，不仅是尊重孩子、信任孩子的表现，同时也是锻炼孩子能力的方式。

孩子跟谁一起走路回家，爸爸都要干涉："你以后别总和小雷他们几个瞎跑瞎玩，多和楼上的方舟一起玩，他学习好，你多向他学习学习。以后放学就和方舟一起回家吧，我已经和方舟爸爸说好了，让方舟以后等着你。"

晚上，妈妈开始忙了起来，给孩子收拾书包，告诉孩子明天要穿什么："儿子，明天穿这两件衣服，我已经放在你床头了。"

"还是学画画吧，画画能让人心静下来。练跆拳道有什么用，一天打打杀杀的。我已经给你报好画画班了，以后你周四下午就画画吧!"爸爸又下了命令。

……

中国的孩子一天到晚都在执行父母的各种命令和决定，交朋友轮不到自己做主，穿什么衣服轮不到自己做主，爱好也不是自己的爱好，这样一来，思想也不是自己的思想了。做什么事情都习惯沉默，没有主见，总是坐在最后一排，让他做一个决定比登天还难。孩子日后在工作中"拿不起"，在集体中"融不进去"，就是父母造成的。

在日常生活的小事中，家长必须给孩子一定的自主决定的权利，即使是很小的一件事，如果让孩子自己决定，不仅会让孩子获得极大的满足感，更能锻炼孩子各方面的能力。

平时多让孩子做决定：

"你来决定这件事。"

"你觉得应该怎样做呢？"

"如果你认为这样是正确的，那么就去做吧！"

"这是你的选择，希望你坚持。"

多对孩子说这些话吧，相信孩子、鼓励孩子、支持孩子会让孩子更快适应集体生活。

## 3. 分清楚"你的""我的"，别让孩子太霸道

和几位妈妈同去亲子旅游，孩子多了增添了乐趣，自然也多了许多不便和麻烦，尤其同行的包括鼎鼎在内的4个小孩儿都是3～6岁；吵架拌嘴是免不了的。记忆最深的一件事发生在星海广场上。

我们晚上去的这个广场，里面以众多的儿童娱乐设施著称，每个孩子都玩得十分开心。其中的一个小哥哥还赢得了游戏并带回了一个精致的哨子为奖品。

等到集合时，小哥哥美极了，向我们炫耀着他的奖品。

同行的一个小妹妹想要看看，小哥哥痛快地给她看了。但是，这位小妹妹却不想归还了。这下可出了大乱子，双方僵持不下。小妹妹拿着哨子挂在脖子上就跑，小哥哥就在后面追。追上了，两个孩子就拉扯了起来。

两位妈妈也加入进来。小哥哥的妈妈安抚劝说着儿子：

"你是哥哥，给妹妹玩一下，等会儿咱们再去买一个。"

"不，那是我赢来的。我就要我自己赢回来的！"

两个孩子撕心裂肺地哭抢着，将近10分钟。

小妹妹的妈妈一直在劝说着女儿，但是女儿就是不给。可能怕小男孩儿伤害到女儿，她最后抱起女儿向远处走去。

小哥哥见哨子被拿走了，更加悲愤起来，仿佛是发疯了一般。

最终在另外一个妈妈买回了一个哨子之后，两个孩子才慢慢平静下来。

直到第二天我们离去时，当地的出租车司机还认出了我们，"这不是大闹星海广场的那两个孩子嘛！"

我和同行几位妈妈一阵困窘。

"妈妈，我觉得妹妹不对，为什么要玩完哥哥的东西不还回去呢？那是哥哥的。"

我并不惊讶鼎鼎竟然有这样的觉悟和见解。

自从鼎鼎开始有了社交，我就一直在引导鼎鼎在物的归属这方面有一定的觉悟——分清楚"你的""我的"，别人的东西不要随便拿回。

让孩子有这样的意识，与让孩子学会分享、化解占有欲同样重要。

有很多小朋友去别人家玩时会顺便带回一件玩具，我特别不赞同这种做法。鼎鼎如果对好朋友家的一件玩具表示出特别的喜爱，就算朋友再热情让我们把玩具拿回家，我也坚持不让鼎鼎拿走。这是最起码的原则问题。我就是想让鼎鼎明白，别人的东西你可以借着玩，但是它不属于你。如果你真的喜欢，你必须以一个恰当的方式得到它。

太习惯从别人那里获得玩具，会让孩子分不清界限，认为什么东西都是自己的，永远是优先考虑自己的需求，孩子就会因此变得霸道自私。

孩子对自己喜欢的东西会产生占有想法，即使走出家门也会延续这种作风。面对这样的孩子，不能一味迁就或是指望别人主动退出。

这时候，父母的表现就非常重要。像上面我那个朋友明明是自己孩子表现出霸道行为，却为了避免自己的孩子受到伤害，而选择抱着孩子拿着哨子逃走，这种行为我是不赞同的。作为父母应该坚持原则，把别人的东西还给别人。

其实，孩子之间能够自己解决这样的争端是再好不过的。往往年纪小的孩子会听从年纪大的孩子，但是一旦有家长在一旁维护，年纪小的反而会愈加无理。

我的另外一个朋友在这个问题上处理得就比较好。在她儿子窝窝四五岁的时候，她发现儿子的"人缘"变得非常不好，只剩下一个小伙伴，比窝窝大三岁的晨晨。晨晨表示"窝窝太坏了，什么都抢，别人都不敢和窝窝玩，也不想和窝窝玩"。其实，我的朋友在儿子三岁多时就发现了这个苗头，每次亲戚聚会窝窝总是要抢小弟弟的玩具，他什么都要独享。一开始在自己家中的聚会上，窝窝不给弟弟玩任何玩具；聚会在姥姥家时，窝窝也是如此；聚会在小弟弟家时，窝窝还是如此。

她一开始将这种行为看作占有欲的表现。但是，现在问题可能发展得要比她想象的严重。她该采取措施了，她让晨晨做她的帮手。在窝窝和晨晨发生争执的时候，晨晨本来要一如既往表示谦让和退让。但是她拉住了晨晨的手说："窝窝，你现在只剩下晨晨一个伙伴了，难道你也想把晨晨气走？晨晨你现在是不是觉得窝窝做得很不对？"

晨晨点了点头。

"如果你不给晨晨道歉，我就带晨晨离开。"她严肃地对窝窝说。

窝窝一开始并不道歉。可是当妈妈拉着晨晨的手走到门口真的要关门的时候，窝窝着急地说：

"妈妈别走，晨晨不走。"

"你要对晨晨说'对不起'。"

"晨晨对不起。"

我的朋友知道这远远不够，不过引导矫正需要慢慢来。在接下来的日子里，她和晨晨联盟作战，请晨晨不要一味地谦让窝窝，如果觉得窝窝欺负他了就马上离开，不和窝窝玩，让窝窝承受没有伙伴的痛苦。而当他们和好的时候，又请晨晨"教育"窝窝，帮窝窝学会退让和遵守规则。面对从小亲密的伙伴和崇拜的偶像，窝窝当然割舍不下对晨晨的友谊，对晨晨的"教育"也认真听取了。

在晨晨的带动下，窝窝逐渐变得谦和，不再是"小区坏孩子"的形象，伙伴们自然又回来了。

## 4. 孩子和小伙伴闹矛盾，父母尽量少插手

孩子进入了幼儿园，就要学会处理在幼儿园中的人际关系，尤其是与同学之间的矛盾。孩子们之间产生矛盾很正常，有的孩子会跟父母说，有的孩子会告诉老师。当自己无法处理事情时，孩子能及时告诉家长和老师是好事，这是孩子重视沟通的表现，但是父母的做法往往会有些偏激。

前几天，香香班上的一个同学过生日，将生日蛋糕拿到幼儿园，与她的好朋友一起庆祝。小孩子们一看见蛋糕，眼睛都直了，大家都聚在一起，说说笑笑的。香香看着蛋糕上的牌子，不由自主地去摸了摸蛋糕。

淘气的男同学开起了香香的玩笑，"馋死了，馋死了"，不停地笑话着香香。

香香觉得很委屈，哭着闹着让老师给妈妈打电话接自己回家。

这并不是香香妈妈第一次接她回家。每次香香在幼儿园遇到了麻烦，尤其是认为自己受到了同学的欺负时，就会把妈妈喊来。有一次是因为班上一位男同学把自己撞在了地上，还有一次是因为画画本被同学撕坏了。

在电话中听到女儿的哭声，香香妈妈就受不了了，火急火燎地奔到幼儿园，直接将她接回家。

孩子在幼儿园受了委屈，尤其是与同学闹矛盾，家长管是要管的，但是一定要注意方法和技巧。像香香妈妈这样，不顾一切跑来，把香香接走，就是没有管到点子上。这样做不仅让香香无法化解与同学之间的矛盾，也无法让香香自己打开心结，让香香与同学的关系更加糟糕的同时，也会让香香产生逃避依赖心理，总也没有办法处理类似事件。

如果孩子乐意向父母求助，父母就要培养孩子直面困难的能力。孩子与小伙伴发生了矛盾，父母最好不要过多介入，否则孩子会对父母产生依赖性，遇事总爱请求别人帮助，而忽略与同学的沟通。

遇到自己的孩子被同学欺负，家长应尽可能从孩子的角度了解事情始末，并且引导孩子思考对方为什么欺负自己，寻找解决办法。如果孩子自己想不到方法，家长可以适当讲解一些沟通技巧。实在处理不了，再考虑与对方父母和老师沟通，但最终还是要让孩子自己去解决问题。

晶晶的彩笔是爸爸从香港带回来的，有60种颜色。晶晶把这盒彩笔带到了幼儿园，大家都围着晶晶，希望与晶晶一起使用画笔。

但是，慢慢地大家都不爱用晶晶的画笔了。

原来，晶晶总是以"主人"的口气强迫谁和谁一组，谁用哪个颜色的画笔，在孩子们玩得正高兴时还会突然收回画笔。慢慢地，大家就对晶晶有了意见：

"不就是一盒彩笔吗，有什么了不起的。"

"我才不愿意听她的安排！"

"过两天，我自己去买一盒。"

同学们的疏远也让晶晶感到委屈和愤怒，她甚至抱怨爸爸为什么给自己买了这么一件礼物，于是将画笔扔在一旁。爸爸虽然知道女儿有些反常，但是并没有直接询问，而是对她说：

"我花了那么多心思给你挑的礼物就这样被你'抛弃了'，真可怜。"

"我才可怜呢？"

"为什么呢？"

晶晶于是开始抱怨起同学来。爸爸并没有急于反驳她，而是说："原来是你的同学让我的画笔变得这么可怜，不怪晶晶。"

晶晶听到爸爸这样说反而有些不好意思，扭扭捏捏地表示自己也有错。于是，爸爸赶紧鼓励晶晶将自己的错误说出来，又对她说：

"画笔有60种颜色，每个人都有自己喜欢的颜色。因为你的霸道让同学觉得很不舒服，所以大家索性不玩了。如果你对同学态度好一点儿，大家肯定愿意和你一起玩的。千万别让我精心挑选的画笔被可怜地丢在一旁。明天赶紧把它们带到幼儿园，它们欢迎你和同学一起使用！"

需要注意的是，家长不要直接找到与孩子发生矛盾的小朋友，这不利于问题解决。而是要像晶晶爸爸这样，先安抚晶晶，做好对自家孩子的心理辅导。其实孩子之间没有特别大的矛盾，而且冲突的解决往往会让同学之间的了解更加深刻，最终会巩固孩子和同学之间的感情。因此，明智的父母一定要抓住这个机会，不要盲目替孩子善后，甚至与孩子的同学、老师以及其他家长起冲突。

如果孩子解决不了麻烦，还把事情憋在心里，家长就要留心与孩子的沟通。每天不妨花20分钟与孩子聊聊学校里发生的事情。每个星期还要抽出一定时间，陪着孩子做游戏、参加户外活动，在活动中观察孩子的行为与想法。

如果孩子是因为做错事而不敢告诉父母，家长不要一味责骂，应该用平和的语气了解事情的经过，并且提出自己的建议。任何惩罚都必须在了解事情的经过、孩子的情绪后提出来。

最重要的是让孩子明白，做错事情后，我们要敢于去面对和承担，并且通过适当方法和行动弥补错误。

## 5. 如何教害羞内向的孩子打开局面

如果你的孩子非常害羞，怎么办呢？

孩子们都有一个共同的心理特征，那就是喜欢被称赞、鼓励，不喜欢被禁止、阻断或批评，内向的孩子更是如此。多给内向孩子一些鼓励，他们就会勇敢地站出来，并且表现得也会不错。给孩子积极的鼓励，照顾孩子的自尊心，增强孩子的自信心，让孩子将事情做得更好。

"你能行的。"

"你可以的。"

"你尝试一下。"

当孩子遇到困难和失败时，父母可以鼓励孩子克服困难勇往直前。同样，在孩子获得成功而得意时，父母可以鼓励孩子继续努力。

当孩子做错事时，父母可以鼓励孩子改正错误。同样，当孩子表现好时，父母可以鼓励孩子继续坚持。

当孩子主动与自己合作时，父母当然要鼓励孩子。同样，当孩子反抗自己时，父母可以用鼓励的方法使孩子与自己合作。

有的父母对孩子过分照顾，对卫生、安全等过分顾虑，孩子不能做这个，不能干那个，太多的条条框框就把孩子束缚住了。一出门孩子就像是被绑住了手脚，不敢自由活动，生怕触碰了爸爸妈妈的禁忌。在这样的氛围下成长的孩子自然会胆小害羞。

孩子是需要沙子和泥巴的，孩子是需要冒险和探索的。无拘无束地自由玩耍，会使孩子的性格开朗起来。

此外，果断而有礼貌的沟通方式也是内向孩子应该学习的。开朗型的孩子总是很主动、很明确地表达自己的观点和想法：

"我不喜欢那样做。"

"我觉得这个比较好。"

"我能不能要两个呢？"

内向型的孩子应该学习这样的话语，清楚地表达自己的观点和建议。这在人际交往中非常重要，更能提高自我意识。

## 6. 孩子为什么"爱告状"

西西最近特别爱告状，不管多大的事，如果是关系到她的事情，如谁谁抢了她的玩具，谁把她的裙子弄脏了，谁碰了她的辫子，她都会告诉妈妈，而且有些和她自身没有关系的事情，她也要告状。

比如那天，哥哥在外面贪玩回家晚了，爸爸就狠狠批评了哥哥一顿。等到妈妈回来了，西西又把哥哥犯错误的事情告诉了妈妈一遍，最后还补了一句："爸爸已经教训他了，妈妈你再教训他一遍。"

等到爷爷奶奶回到家中，西西又把哥哥的事情说了一遍："奶奶，你说哥哥该不该被教训？"

一开始妈妈对西西这样的表现只是感觉哭笑不得，但是当她听老师说，西西在学校也特别爱告状，就有些担心了。

妈妈一方面担心西西爱告状难道是有什么心理阴影，另一方面则担心爱告状的西西把老师和同学都得罪了，就没有好朋友了。

幼儿园经常有喜欢告状的孩子，不管有什么事情都会跑去告诉老师。

从心理学上来说，孩子爱告状是喜欢表现自己，孩子想向大人表现自己的行为、自己的判断、自己的见闻，从而希望得到大人的认可和赞许。从这个角度说，告状说明了孩子已经有了一定的辨别是非的能力和语言表达能力。

孩子告状时通常会告诉大人谁做错了什么事情，而自己却没有那样做。比如孩子说"阳阳把书弄掉了"，潜台词就是"我没有弄掉，我很棒，赶紧夸我吧"。孩子是在向大人表达自己对这件事情的理解以及标榜自己的行为。

如果孩子因为想要表现自己而告状，父母不应该粗暴打断，而是应该给予他们表现的机会。认同孩子的判断、满足他们的心理需求之后，父母再引导孩子用积极的、善良的眼光去看待他告状提到的那件事。

比如西西说"哥哥回家晚了，而我没有"这件事，父母可以先肯定孩子在这件事情上表现得非常好，然后问问西西：哥哥回家晚了爸爸妈妈是不是很担心？而哥哥没有赶上吃晚饭会不会很饿？哥哥下次应该怎么做呢？谁能够帮助哥哥？如果没人安慰哥哥，哥哥是不是很伤心？尽量用问题把孩子的注意力和思维引导到关心别人、为他人设身处地地着想上面去。让孩子知道每个人都有缺点、每个人都有犯错的时候，我们要用宽容的心态来对待别人。要学会体谅别人并给对方关心和爱护。

除此之外，孩子还可能会因为嫉妒而告状，他们希望通过这种贬低别人的方式来抬高自己。比如，有的时候，我们说："人家阳阳从来不挑食。"孩子为了证明自己也很棒，就赶紧说："可是阳阳会掉饭，阳阳每次在幼儿园吃饭都弄一桌子，老师最不喜欢掉饭的孩子了。"这是孩子没有得到认可而产生的嫉妒，同样是为了争宠。

如果孩子因为嫉妒而告状，那么父母一定要反思一下自己的行为。是不是自己在孩子面前也经常用嫉妒的情绪谈论周围的同事、朋友或是亲人？自己是不是经常拿别人的孩子与自己的孩子进行比较，总是指出自己孩子的不好？如果父母爱比较，总是指出孩子的不足，就会让孩子产生自卑心理，同时对比较对象产生敌对心理；而如果父母爱比较，又认为自己的孩子非常优秀，也会让孩子产生自大心理，凡事也喜欢和人比较。遇到比自己强的孩子，自卑的孩子会因为自卑而想办法贬低别人抬高自己，而自大的孩子会因为自大而看不起别人，藐视别人。

因此，父母除了要经常审视自己的行为之外，还要让孩子知道，每个人都有自己的长处，也有自己的短处，除了要继续保持自己的长处之外，更要懂得欣赏别人，主动学习别人的长处。

但是，大多数情况下，孩子的告状通常是遇到了一些问题或是困难，想要得到老师或是家长的帮助，比如"老师，丁丁抢我的椅子""妈妈，表姐不借给我小兔子玩"，这些话的潜台词是希望老师帮自己抢回椅子，希望妈妈能够出面帮自己拿到小兔子。

如果孩子告状是因为受到了委屈，希望大人能够出面帮忙解决问题，家长们也不要每次都直接出手相助。如果父母总是在孩子向自己告状之后，第一时间就为孩子处理问题，那么以后孩子就总会以告状的方式寻求庇护，永远也学不会自己解决问题。

无论如何，告状这一习惯都是不好的。每个孩子在向我们告状时，我们都应该这样询问孩子："宝贝，你认为应该怎么处理呢？"将事情再抛给孩子，让他知道，在发泄自己情绪的同时，也需要将解决办法找出来。随着年龄的增长，孩子也就会慢慢摒弃告状这一习惯，而认真地去思考如何解决问题。

第六章

# 3~6岁阶段，孩子能力培养的关键期

孩子们不像大人一样，大人们看重的是竞争的结果，而孩子们更享受的是竞争的过程。对于孩子来说，竞争就是有趣的游戏。

3~6岁这个时期善加引导，不仅会让孩子理解竞争，而且还可以激发出孩子的各种潜能。良好的竞争可以锻炼孩子们集中注意力，让他们去尝试挑战自己，当然也培养了孩子们凡事都努力做到最好的品格。

# 1. 孩子们把竞争当游戏

鼎鼎所在的幼儿园在早饭后会让孩子在操场上自由活动20分钟，然后在操场的跑道集合，按照班级顺序排好队，开始晨跑。但是这所幼儿园不是简单地一起跑步，而是每8个孩子分成一组，进行赛跑。3岁小班的孩子比赛赛程是50米，4岁孩子的是80米，5岁孩子的是100米。

赛跑准备时，紧张感十足。孩子们摆好跑步姿势，一个个都认真起来，等待着出发的信号。信号发出，孩子们个个都咬紧了嘴唇，拼命地向前奔去。每次看到这样的情形，我也不由自主地为孩子紧张。

有的家长表示不安和担心，认为让孩子拼命竞争，分出个胜负输赢，会不会太累，同时也太残酷，小孩子有必要这样竞争吗？

但是，老师们会大声地为孩子加油助威：

"齐齐太棒了，起跑很好！小悠，快！努力！加油！丁丁跑得真是快呀！阳阳了不起！冲刺了！安安啊，再加快一点儿就是第一名了！孩子们，马上就到了！真棒！"

在孩子们赛跑的过程中，老师不断地在旁边呐喊助威，在适当的时机喊出增强孩子自信心的口号。孩子们在跑步时听着老师的鼓励，也更加努力。

"我们这样为孩子加油，是为了激发孩子的求胜意志，让他们愿意在赛跑中获胜。孩子们听到我们的声音，会更加努力地跑步。作为老师，我们会尽可能鼓励孩子。"

当然，老师们的加油并不是一味地强迫，他们了解每个孩子的性格特点，不管是加油称赞，还是压力鼓励，老师们的用语一般都是相当温和的。"真棒！真帅！今天和平常不太一样！"这些话，没有过激的词语。并没有家长们一开始担忧的那样，孩子们一大早上就拼命争个你死我活。实际上，老师们更看重的是对孩子奔跑过程中优异表现的鼓励。

在这里，赛跑不是一种单纯的竞争方式，而是让孩子们充满生机和力量。孩子们用一分钟到两分钟比赛后，脸上通常都洋溢着活力，这就是最好的结果。

得到第1名和第2名的孩子自然高兴，但是第5名甚至第8名的孩子也没有丝毫不高兴和失落消沉的神色。所有的孩子都是愉快地擦着汗水回到教室的，大家高高兴兴地聚在水龙头下洗手。之前竞争的氛围自动消失，孩子们从竞争者一下子又变成了好朋友。

其实，孩子的竞争意识在2岁多时就开始显现了，一群孩子在一起，他们总是争先恐后地告诉你发生了什么事情，看谁表达得最清楚，语速最快，说得最详细；他们会对某件玩具产生占有意识，这是竞争的觉醒和强化。

我们在向孩子们传授知识时也会用这样的方法，如果孩子认出了一种动物卡片，就把卡片交给孩子；孩子没有认出的，留在我们自己手中，我们和孩子竞争谁能拿到更多的卡片。很长时间以来，竞争一直被当成一个"贬义词"。家长们认为孩子太小，不应该具有竞争意识，极力避免孩子接触到与"竞争"有关的一切，他们让孩子沐浴关爱，生活无忧无虑，可是等孩子正式迈入小学就要求孩子有"竞争"意识，等到正式进入社会，又要求孩子最好具备更高、更强的竞争手段和竞争能力。这样的想法和做法才是对竞争的真正误解。

作为家长，一方面有让孩子成才的"欲望"，另一方面又不忍心让孩子受到任何的伤害，一心想要去保护孩子。所以经常是这也不行、那也不能的。这些想法都是有问题的。作为一个成年人，会自觉不自觉地用成年人的眼光看问题，说到竞争就只关注竞争的结果，竞争就一定要赢成了一种成见。如果在竞争中输了，就仿佛一切都结束了似的。如果一直以这样的想法来教育孩子，孩子必然惧怕竞争。

孩子如果惧怕在竞争中失败，进而就会产生对竞争的畏惧心理，甚至在竞争还没有开始时就打退堂鼓，渐进地养成放弃的习惯。把握孩子的特点，让孩子不惧怕竞争，才是更好的解决办法。

孩子们不像大人一样，大人们看重的是竞争的结果，而孩子们更享受的是竞争的过程，对于孩子来说，竞争就是有趣的游戏。这个时候善加引导，才不至于让孩子曲解竞争。良好的竞争可以锻炼孩子们集中注意力，让他们去尝试挑战自己，当然也培养了孩子们凡事都努力做到最好的品格。

让孩子接触竞争并不是什么残酷的事，家长们完全可以为孩子创造出一种尽全力去竞争但是不看重结果的环境。家长们需要做的，是改变之前对待竞争的不正确态度，这是成人的责任。

## 2. 如何把"不行"的孩子变得"行"

在中国，有一种教育叫作"狼性"教育，有"狼爸""鹰爸""虎爸"，这类家长的做法通常是拿着藤条和鸡毛掸子，对孩子进行严苛指导。他们这样教育出来的孩子，有的确实进入了名校，取得了不错的成绩，但是他们这样的做法，在中国备受争议。

为什么这样的教育会引起人们的争议？因为无视孩子的身心发展规律，采取极端的方法教育出的孩子性格会有缺陷，他们或偏执，或冷酷，或轻狂……他们会用所接受的极端方法对待这个世界、对待所有的人。家长在冷酷的训练中，不仅没有健全他的人格，反而埋下祸患的种子，造成他的叛逆。所以光让孩子有"狼性"不行，还要保证他们健康成长。

有人说，这种狼性教育在日本和韩国很普遍，但是日本和韩国社会为什么会普遍接受这种"狼性"教育呢？

在日本，有一个横峰幼儿园，在这家幼儿园，3岁的孩子就会读书、写字、练习乐器，4岁开始学习珠算、参加乐器合奏团，5岁前看完2500本书，四五岁的孩子可以毫不费力地进行前滚翻、后滚翻、倒立着走等各种绝技，用一句话说，这里的孩子都是小天才。这里的教育方法被称作横峰教育法。横峰教育法在广播、电视中被广泛报道，专门介绍其经验的书籍也有很多，这种教育方式在日本引起了很大反响。

和中国的狼性教育相同的是，日本的横峰教育法也一直在探寻把"不行"的孩子变得"行"的方法，但是他们使用的方法却不一样，这也是横峰教育法深得人心的原因：

"方法其实很简单，就是时间。硬要让孩子做一些他'不行'的事情，再怎么教，也一定会失败的，因为孩子心里抵触，不愿意去做。我的方法是让孩子做他能'行'的事情，这件事情做得熟练了，自然而然地就会上到一个新的台阶。"横峰幼儿园的一位老师如是说。

横峰幼儿园不是教孩子做什么，而是为孩子创造能做什么的环境。这样，孩子自己就能自然而然地一步一步迈向新的目标，达到新的高度。

不去强迫孩子学习什么东西，而是为孩子创造一个环境，让孩子在这个环境中自然而然地学会各种技能和知识。

比如一个4岁的孩子，他目前可以跳过5层的"山羊"，但是6层的山羊跳不过去。就算周围的孩子都将6层的山羊跳过去了，也不能强迫这个孩子也必须做到。可以让他一直练习跳5层山羊。在一直练习跳5层山羊的过程中，孩子就会慢慢地变化，能力肯定会一点点提升。5层的山羊跳得非常好了，就有了自信，慢慢地就能跳6层。6层的练熟练了，再渐渐地鼓励孩子跳7层的。像这样，创造出一个能适应每个孩子不同节奏的环境，让每个孩子在每个阶段都做到"行"，这就是"横峰教育法"。

让不行的孩子变得行，其核心就在于时间，在于循序渐进、温故知新。

有些家长以及老师在教育孩子过程中奉行宽松政策，他们要么是因为懒散和茫然而自然形成这种政策，要么是有意减轻孩子的负担，避免使孩子变成"学习机器"；而有的家长依然填鸭式教育。

我认为家长们应该有这样的意识——宽松教育不能帮助孩子成长。如果对孩子采取宽松教育，不学习，只游戏，能培养出孩子吗？难道还能像婴儿时期那样只是单纯地玩吗？过去的孩子，到了三四岁，活动的范围很大，可以到山里，可以到河边，这培养了他们的冒险精神，在活动的时候又刺激了他们的大脑，培养他们的思考精神。但是，现在的孩子呢，都市已经没有了那样的环境，取而代之的是，孩子们每天学习阅读、写字、算数。为的就是让孩子学会动脑筋，训练自己解决问题的能力，培养学习的头脑。如果在10岁前不培养孩子的理解能力、思考能力、阅读能力和洞察力，最好的时机将要失去，孩子的一生似乎也就这样过去了。宽松政策会错过最佳的教育时机，放任自流也会让孩子变得平庸。

但是完全抛弃宽松教育而重新转回填鸭式教育也是不对的。不顾孩子的感受和客观规律，把教育变得功利和激进，只重视知识的灌输，一定不会取得好的结果。即使有一两个孩子取得了好成绩，也不可能让每个孩子都出色。对于幼儿时期的孩子，更不可以强迫他做不喜欢的事情，他们还不懂得"即使不喜欢也需努力"的道理。

创设一种"我能行"的环境，不是直接教给孩子，而是当一个引路人，让孩子产生兴趣，让孩子不断地迸发出潜力，这才是家长们应该扮演的角色。

## 3. 把孩子的"为什么"变成学习的欲望

3岁左右的孩子，嘴里的"为什么"越来越多。"对面那个叔叔的皮肤为什么那么黑？""太阳为什么会刺眼？""我为什么没有像小鸟那样长翅膀，小鸟为什么能飞？""白云为什么不会掉下来？""星星为什么一闪一闪的？""巧虎和你，谁厉害？""我是怎么来到你们家的，是坐飞机吗？"

孩子不停地提出问题，是因为他们随着自己不断长大，小脑袋瓜里觉察到这个世界并不像他们一度以为的那么简单，因此，他们就不再满足于看、触碰和使用等表面化了解，而是努力挖掘更深层次的内容，于是，问题就来啦……

有的时候，孩子的问题多到任性、奇怪到爸爸妈妈都无法招架，所以，很多父母都觉得，孩子提出的那些千奇百怪的想法只不过是他们一时的心血来潮，是玩闹，有心情的时候会当逗乐回答几句，没工夫时候就是敷衍，赶上心情不好，便会以一句"每天没事儿瞎琢磨啥，一边玩儿去"将孩子打发。可是，孩子们提出种种问题时，他们可是认真得很，在他们的提问中，求知欲、想象力、创造力、学习能力都在悄悄萌芽，他们探索世界的欲望和能力也在逐步提高。那些千奇百怪的"为什么"，就是他们握在手里的钥匙，这把钥匙所能开启的，是未来世界的大门。但孩子最终能否运用这把钥匙开启未来大门，主动权则在爸爸妈妈的手里，如果父母们能认真、耐心地对待孩子的问题，为他们答疑解惑的同时引导他们进行更深入的思考，他们就会延续这样的好奇，更加积极主动地思考和提问，让其发展成为持续学习和探索世界的精神动力。反之，这样的探索就会被孩子丢掉，父母也丢失了一次提升孩子学习兴趣的绝佳机会。

为了更好地促进孩子的成长，爸爸妈妈应该以怎样的态度对待总是问个不停的孩子呢？父母又该以怎样的方式，将这些看似荒谬的"为什么"，变成孩子持续学习的不竭动力呢？

既然提问对孩子来讲是提升学习兴趣的途径和动力，那么，爸爸妈妈就要尽量鼓励孩子提问题。不管孩子提出的问题是人人都该知道的常识，还是天马行空的奇思妙想，爸爸妈妈们都要认真对待，因为你觉得无聊甚至无稽的问题，可能是他们在心中萦绕了很久都无法解答的大问题。如果这个问题能够得到及时的解答，孩子的认知就会迈上一个新的台阶，然后有基础去思考另外的、更有深度的问题，而不是长久地徘徊在老问题上举步不前。

认真解答孩子的提问，是维护孩子这种思考行为的第一步，也是最重要的一步。及时耐心地为孩子答疑解惑之后，爸爸妈妈们最好再鼓励孩子几句："这个问题问得真好，我家宝宝很有想法。""我的宝宝居然能问出这样的问题，真是个爱思考的好孩子。"父母也可以顺着孩子的思路，反问孩子一些问题，比如"那闪电为什么要先于雷声呢？""冬天你在外面呼吸为什么会有白烟？""海龟是因为伤心才流泪吗？"父母在这个时候的发问，当然不是为了难住孩子或显示自己的学识有多渊博，而是为了促进孩子思考，或帮助他们温故知新。所以，父母的问题不要太艰深，而且最好是孩子已经知道的，这样，孩子就有机会巩固和整合已经学习到的知识，并且更有自信将问题问下去。

当然，孩子们的问题刁钻古怪，爸爸妈妈不可能是"全知"。很多父母们为了维护自己的威严，会不懂装懂胡乱给孩子个答案蒙混过关，这样做，虽然会帮助大人在孩子心目中树立一种无所不能的形象，但却并不利于孩子认知的发展，也会使得孩子盲目崇拜大人，反而变得自卑。

这个时候，父母们最好的做法是直接告诉孩子："你问了个好问题，难住妈妈了，咱们一起来找找答案吧！"爸爸妈妈坦言自己不懂，并带领孩子找寻答案、探求真理的过程，其实是在以实际行动向孩子展示求实好学的精神，同时，也向孩子传递了一种学习的方法。从精神和实践两个方面，对孩子的思考和学习活动进行深化，这将使得孩子一生受益。

需要注意的是，当孩子反复提出同一个问题时，则可能反映了孩子的不同情绪。比如，当孩子反复问"为什么要吃饭""为什么要这么早睡觉""为什么小朋友就得去幼儿园"等问题时，可能是孩子因为不情愿在发泄负面情绪。这个时候，父母们就需要准确把握孩子的情绪，及时应对孩子的这种消极反抗。爸爸妈妈们可以将吃饭、睡觉和去幼儿园的重要性，耐心地一点点讲给孩子听，然后认真征求孩子的意见。宝宝对一个问题的重复发问，也可能是由于爸爸妈妈的答案并没有满足他的好奇心，如果出于这样的原因，爸爸妈妈不妨反问孩子："你是怎么想的呢""你是这么认为的吗"……从而给孩子一个表达自己想法的途径，鼓励他积极主动地思考。有时，孩子的问题也可能太过于荒谬，你根本没办法回答，但他却问个没完，面对这样的状况，爸爸妈妈就可以把孩子的问题引导到另外一个比较理性的层面上，这样，不仅可以绕开孩子的"牛角尖"，而且可以发散他的思维，同时又激发了孩子更多的好奇心。

## 4. 不管有意无意，犯错应该承担后果

有一位妈妈跟我说，她对自己的儿子是没辙了，真不知道拿他怎么办好。

原来，她儿子上幼儿园以前一直由爷爷奶奶照顾，老人们的教养方式是千依百顺，宠爱有加，这让孩子养成了一些坏脾气和坏习惯。平时孩子犯了错，爷爷奶奶以哄为主，实在是过分了才会批评几句，可是孩子的眼泪一下来，爷爷奶奶就开始心疼了，批评马上停止，更别提惩罚了。儿子在与爷爷奶奶的"斗争"中掌握了制胜法宝，百试不爽。

等到儿子上幼儿园时，妈妈将儿子接回身边，问题也跟着来了。儿子也用对付爷爷奶奶的办法对付妈妈。一开始妈妈可不吃这一套，又是讲道理又是打骂，可儿子总是很强硬地坚持到最后，那种倔强不服输、不认错的劲儿真是要命，直到妈妈答应他的条件为止。有一次妈妈气急了动手打了他，孩子憋红了小脸默默流泪，硬是一声不吭，持续将近30分钟，最后把妈妈吓坏了。

惩罚是在家庭教育中比较常见的方法。一味地鼓励或是讲道理有时

并不起作用，而适当的惩罚能够让孩子产生痛苦的体验，能够让孩子长记性，减少重复犯错误的概率。

没有惩罚的教育是不完整的教育，没有惩罚的教育是一种不负责任的教育。惩罚是一种教育手段，也是一种微妙的家教艺术。但是很多父母往往不能灵活运用这种手段，对孩子的教育会适得其反。

这位妈妈的惩罚对孩子不起任何作用，不仅是爷爷奶奶的骄纵和溺爱助长了孩子的习气，妈妈本身不灵活的惩罚方法和不坚定的态度立场也让孩子有机可乘。

当孩子犯了错误时，不管是出于有心还是无意，孩子都应该承担错误行为带来的后果，他应该学会承担责任。比如，在我们家，损害物品是要受到惩罚的。

如果孩子是无意的，并且第一时间勇于承认了错误，而不是为自己的过错找理由、推卸责任，我们就要及时认可他的认错行为，并酌情减轻对孩子的惩罚。比如杯子打碎了，孩子并不是故意的，可能只是因为手太小没拿好而打碎，孩子认识到自己的错误，这个时候的惩罚就是收拾残局，并负责3天的杯子清洗工作。这样的惩罚旨在培养孩子的责任感，并培养孩子不慌张、不马虎、小心谨慎的性格。

如果孩子是在玩杯子过程中弄碎的，这个惩罚就要重一些。因为玩杯子而导致杯子碎本身就有故意的成分在。所以，惩罚时既要要求孩子完成上面提到的惩罚内容，还要3天不能看电视。这个惩罚让孩子用自己的物品，或是自己喜爱的事情为自己的错误负责，旨在让他明白损害了别人的利益，自己的利益也会受损。

如果孩子是因为发脾气故意把杯子摔碎，或是为自己找理由、撒谎、推卸责任，我们就要加重对他的惩罚。让他明白不诚实、不知错、不认错是不好的行为。惩罚时既要完成上面两条惩罚内容，还要用劳动来赚够买杯子的钱，然后去购置一个新杯子。

惩罚孩子的目的是让孩子向好的方面转化，如果惩罚过重，通常会适得其反；而惩罚太轻，则起不到任何威慑作用，不足以让孩子引以为戒。

惩罚不等于体罚，也不是伤害，更不是心理虐待和歧视。在惩罚孩子的同时，我们要注意惩罚的强度和方式，有效合理地进行惩罚。

有些父母在教训孩子的时候喋喋不休，而且时不时还呵斥孩子"我说的话你听见没有"，总是迫不及待地让孩子"认错"。有的孩子可能碍于父母的严厉，胆战心惊地选择认错；有的孩子也可能是敷衍地选择认错。父母听到孩子认错了，就认为这件事过去了。其实这样的做法非常不好，孩子根本没有明白自己究竟错在什么地方，如何改进，下次应该怎么注意。惩罚时一定要告诉他们行为的标准，即什么样的事情可以去做，什么样的事情不能做，什么时候应该做什么样的事情以及为什么要这么做，这是帮助孩子确立做人做事的基本准则。

有的父母还特别喜欢翻旧账，由此及彼地把孩子以前的错误都拿出来"晒晒"，这会让孩子对改错失去信心，"我总是一错再错，反正我就这样了"，于是开始破罐子破摔。孩子经过认错改正之后，在这件事上有了进步，应该就是圆满结束了。父母在惩罚孩子时尽量就事论事，不要反复强调，要点到为止，也不要翻旧账，这样才能使孩子清醒地认识到当前这个错误，并且有信心改正。

在实施惩罚手段的时候，家长的态度不一致可能会让惩罚失去作用。家庭成员大相径庭的态度和方式会使孩子产生认知偏差，不仅认识不到自己的错误，反而会屡教不改。不少家庭常常出现这样一种场景：爸爸在对孩子实施惩罚之后，妈妈认为孩子受到了委屈，又来安慰孩子、哄孩子，爸爸见这对母子一副委屈的样子，一气之下摔门而出，留下一句"慈母多败儿"。孩子这时候一方面会感觉松了一口气，逃避了惩罚，另一方面也会感到混乱，分不清到底什么是对的什么是错的。

管束孩子时，家庭成员要有一致性和权威性，让孩子知道你们是严肃的，并且你们提的要求是将伴随着惩罚或是奖赏的，这样才能合理地限制孩子，才能培养孩子的纪律性。在实施惩罚的时候，家庭成员一定要对惩罚有一个共同的标准，实施人自己要注意不能太过分，另外旁观者要尽量保持严肃认真，与实施人保持默契，最好不要轻易打断实施人。有什么问题可以事后再与实施人进行分析讨论。

以上就是在对孩子实施惩罚时应该注意的事情。这样做才能让惩罚变得有意义，让合理、适度的惩罚成为教育孩子的一种有效手段。

## 5. 给孩子创造一些可以克服的困难

当了妈妈后，每天都会情不自禁地喊着"宝贝、宝贝"，孩子是我们的掌上明珠、心肝宝贝，稍微磕着碰着，当妈妈的心里都像是掉了肉一样疼。孩子能够平安健康、一帆风顺地成长，大概是天下所有的父母的愿望。

我也有着相同的愿望，但是却不会因为这样而过度地保护或溺爱孩子。因为我知道，真正对孩子成长有益的方法绝不是让孩子躲过一切困难和挫折。

是的，我们本身过去的生活可能很艰苦，但是正是在那种环境下长大的我们坚强而自信，努力地提升自己，挖掘自己的潜力。但是现在的情况完全不同了，物质不再匮乏，一个家庭也就一两个孩子，孩子们从小到大都不知道"艰苦"两个字怎么写。如果家长再惯着孩子，提前为孩子想好一切可能性和对策，事先把可能遇到的障碍都清理了，孩子吃不到一点儿苦头，到头来反而害了孩子。

就算我们是无所不能的超人，也不可能跟着孩子一辈子，时时处处为孩子解决问题。孩子小的时候，父母应该为他们遮风挡雨，但是到了长大的时候，也应该知道放手。如果不让孩子学会自己战胜困难的方法，孩子将来会面临更大的困难。

每个人都有着自己应该担当的角色，孩子的人生路还要孩子自己去走，给孩子指明道路才是家长们真正需要做的。

孩子10岁前，家长们最重要的任务不是为孩子扫平障碍，而是要给孩子尽量多制造一些困难，但不是孩子不能克服的困难，是稍微有一些难度孩子可以克服的困难。

孩子们天生喜欢竞争，他们不喜欢过难的事情，也不喜欢过于简单的事情。通常孩子们对于难度稍高于自己实力的事情是最感兴趣的。通过困难的考验，孩子会变得更聪明，也会变得更坚强。

从鼎鼎出生起，我就给他安排了很多的考验，都是孩子可以承受的。我会示弱，"妈妈累了，妈妈没劲儿，鼎鼎自己走好不好？"

我会"懒散"，"鼎鼎自己收拾东西可以吗？""你自己的事情自己负责。"

我会鼓励他，"鼎鼎是一个男子汉。""鼎鼎是一个大哥哥。"这些他完全可以做到。

鼎鼎会翻跟斗，会跑步，再高的滑梯都会勇敢地滑下来；到一个陌生的聚会，他可以保持安静，懂得照顾自己，也会照顾更小的弟弟妹妹；他要自己去找自己需要的书和玩具，要学会自己去看书。我可以帮他做一次，甚至两次，但绝不会一直帮下去。

从他开始练习爬行起，他的前面就绝不是一片坦途。他要跨过枕头，穿梭于奶瓶、各种玩具之间，才能得到他所想要的东西；从他吃饭时，他要去拿自己的碗筷和板凳；他的东西一般都会放在比他的身高高一点的地方，那使他终于发现站在小板凳上可以增加身高的秘诀。

"帮我把拖布拿过来。"

"要想去海洋馆，应该先知道海洋里都有什么动物。"

"今天的任务是认识两个数字。"

孩子通过无数的锻炼和考验，身心变得更加强健，这才是我所乐于看到的。他不会半途而废，每次都能坚持下去，获得成功。给孩子适当的考验，最重要的是了解孩子当前的能力水平，所给予他的考验一定是略微高于孩子能力的考验，让孩子踮踮脚就能够到，跳一跳就能完成。这需要极大的细心与耐心。

"妈妈"并不是困难来临时的一句呼喊，而是孩子自己克服困难时的坚强后盾和无尽勇气的来源。看上去比自己亲自动手或是为孩子扫平一切障碍更加困难。尽管困难无比，家长们决不能舍弃。

## 6. 什么样的冒险才是孩子需要的

现在的孩子，越来越缺少冒险的机会。在没有家长监督的情况下，孩子们被允许自由活动的范围大大缩小。

出现这样的情况并不难理解，城市化发展，生活空间的集中让每个人的人均活动面积变小，尤其是一些负面新闻日益刺激着父母们的神经，比如一些教师虐童事件、意外走丢、绑架犯罪、儿童性侵事件等，令家长们担忧不已。为了避免这些不幸发生在自己的孩子身上，现在的父母基本上是寸步不离，并且让孩子远离一切危险的事物。

但是，太过严密的保护也产生了一些问题，那就是我们的孩子正在逐渐丧失探索和冒险的欲望。孩子们已经习惯了有大人在身旁，如果有别人问话，孩子马上把头转向父母，即便是有自己想做的事情也会习惯性地望向大人寻求意见。绝对安全的环境是不存在的，缺少了冒险精神的孩子失去了很多东西。

我一直坚信，孩子需要冒险，合理的冒险是孩子健康成长所需要的。同时，没有天生胆小的孩子。孩子天生胆大，他们有着尝试一切的天生心理需求。在冒险中，孩子一开始是有些恐惧的，但马上就能够克服恐惧。而孩子在冒险探索之后，发现了一些小秘密，感受到了从来没有过的体验，这时他又是非常自豪和骄傲的。这样自豪骄傲的时刻也正是他们最能感知自我的时候，是日后他们独立、自信的内在源泉。

孩子独立自主的成长过程就是学习如何管理面临危险时"恐惧"的过程。通过冒险，孩子认识到了危险，下一次就知道如何预防。但是如果孩子从来没有这样的经历，就会形成真正的恐惧。比如恐高症，有研究表明，小时候没有摔过的孩子长大后更容易恐高；再比如分离焦虑症，有的父母认为让孩子太早独自行动会产生分离焦虑，但是实际上分离越晚的孩子越容易出现焦虑。

冒险就像是恐惧的脱敏治疗，发生一次，甚至可以带来终生免疫的效果。而那些被严格保护的孩子，在小的时候没有恰当地接触冒险的孩子，长大后反而可能会采用更加极端和鲁莽的方式进行冒险，比如各种犯罪，那时候问题就严重了。

在一份科学研究报告中，美国的研究学者列出了孩子们应该尝试的冒险种类：

1. 探索高度，或者得到"鸟儿的视角"——高度能够激起对恐惧的知觉；

2. 拿危险的玩具——用锋利的剪刀、刀子或沉重的锤子，起初这些看上去都是孩子很难掌控的，但孩子需要学着去掌控；

3. 接近危险的地方——在有大量水的河、湖、海、池塘、水池和火的附近玩耍，这样孩子将会锻炼出对环境危险的敏锐度；

4. 混打游戏——如摔跤、玩乐性打斗，这样孩子能学会处理攻击和合作；

5. 速度——比如骑车或滑冰；

6. 迷路和寻找方向——当孩子们感受到迷路的危险时，就会有强烈的冲动去探索未知的领域；

7. 探索一个人独处。

其实，在孩子成长的过程中，最好的办法就是主动教给孩子避免伤害的知识和方法，增强孩子的自我保护能力，给予孩子真正的安全。把剪刀藏起来并不是解决办法，而是给孩子一把剪刀，最好是儿童专用剪刀，并且提前教会孩子使用剪刀的正确方法，这样的做法才是正确的，既满足孩子的好奇心，也防止了意外的发生。

当然，6岁之前的孩子由于理性思维正处在发育阶段，对危险的事情没有深刻的认识，他们在玩耍的过程中有时为了争夺玩具互相推拉，有时甚至会用石头、棍子等物品打人。因此一定要教育孩子不要伤害他人。孩子在游戏中常常不知轻重，有时会伤着自己，造成非常严重的后果。这时，家长要做的就是让孩子区分轻重，掌握冒险行为的界限。

什么是不知轻重？比如那一次鼎鼎好像是为了测试鼻孔的宽度和深

度，把花生塞进了鼻子。这下子他可吓坏了。我们费了好大的劲儿才把花生从他的鼻子里弄出来。

孩子的不知轻重，通常游戏的成分大于探索和冒险的成分。比如用工具伤害自己或是别人，而不是用工具做应该做的事情；比如把花生塞进鼻子里，把塑料袋套在头上；倒玩滑梯或是反上滑梯；捉迷藏时藏入无人照看的地方；荡秋千时不停打闹，等等。

此外，在日常生活中父母也可以循序渐进地有意识利用图书、做游戏、现实场景模拟等多种方法，给孩子上"安全课"，这样也会收到很好的效果。

第七章

# 3~6岁阶段，如何在家里
# 培养孩子的好习惯

一切教育都归结为儿童习惯的培养，往往自己的幸福也都归结于自己的习惯。习惯是什么呢？是吃饭时的细嚼慢咽，是写字时的一笔一画，是做事时的专心致志，是拜访客人时的彬彬有礼。3岁的时候，我们习惯早睡早起；5岁的时候，我们习惯讲究卫生……

家庭是习惯养成的第一基地，而父母是习惯培养课堂上的第一任教师。长大后我们自身基本上所有的习惯都可以在幼儿园阶段找到影子。父母必须帮助孩子尽早养成各种好习惯，让他们以最佳的状态开始自己的学习和生活。

## 1. 孩子玩手机、电脑必须有使用规则

现在不管是电脑、手机还是iPad，似乎都成了孩子们的必备玩具。孩子们用它们来看动画，用它们来玩游戏。而有的大人甚至把这些电子产品当成看孩子的"法宝"。

有一位爸爸为了孩子在车里好好坐着，一上车就会主动把手机掏出来给孩子玩；有一位妈妈为了让孩子不打扰自己，会让孩子独自去玩iPad。手机与iPad成了休闲工具，成了娱乐工具，更成了家教工具。对于这些工具，杜绝并不科学，但是像上面那种忽视这些电子产品的负面作用，纵容孩子玩更是不对。对于具有争议性的新事物，给孩子制定正确的使用规则是非常有必要的。

规矩是一个健康家庭必备的要素。我们一定要成为一个会制定规则的家长，否则，孩子们就会为所欲为，这不仅会影响我们与孩子的沟通交流，更会对孩子日后的人生产生极坏的影响。小时候不懂规矩，长大了就会变本加厉。

李开复先生说："虽然我相信启发式教育的优越性，但我同时也相信严格管教的必要，孩子们的成长既需要启发，也需要纪律和规矩。"

3岁的孩子，他已经能够准确地理解家长所传达的指令。家长制定出真正有利于孩子发展的规矩，让孩子明白什么事情是重要的，什么事情是不可以做的，让孩子逐渐学会适应并遵守，这是家长对孩子的责任。

通常幼儿园阶段孩子的自控力还不足以让他们十分顺利地做到遵守规则。这就需要家长给他们一定的外力促使他们完成任务。

鼎鼎4岁的时候，我觉得可以给他买一些电子产品，如学习机。学习机把知识融合在动画和游戏之中，应该算是寓教于乐吧。

后来，我本着教儿子学习和探索的意愿在手机上给他安装了一个早教应用——宝宝巴士。但是，儿子却开始对这些应用着魔了。熟悉之后，他便缠着我每天给他下载新的小应用，玩两次就换新的。而且捧着手机玩游戏的时间越来越长，只要有机会就要求看手机。

"妈妈，我要看宝宝巴士。"

"妈妈，再给我下载一个新的。"

"妈妈，把这个删了吧。"

一个星期后，我开始制定规则。

"每天有3次看宝宝巴士的机会，每次10分钟左右。"

"把旧的宝宝巴士完全玩会、完全掌握之后才能下载新的。"

"手机里只能同时拥有3个宝宝巴士小应用。"

"犯错误了，取消当天玩宝宝巴士的资格。当天有不错的表现，如果愿意可以奖励一次玩的机会，想要别的奖励也可以。"

"3种情况不能玩，吃饭时、临出门时、晚上睡觉前。"

"必须坐着举起手机玩，不能趴着玩，不能躺着玩。"

前两天，是建立规则的关键期，每次儿子提出玩宝宝巴士的时候，我在掏出手机前都会把这6条带着孩子复述一遍，让孩子再次确认，加深印象。

"玩第几次了？"

"第二次。"

"几分钟？"

"10分钟。"

除了要制订规则，更要坚决地执行规则。孩子一开始肯定会有所哭闹，家长一定不能放松，必须坚持下去。不遵守游戏规则，就要马上按规则处理。

其实，孩子之所以会对手机和电脑这些东西产生迷恋，很多时候是出于无聊。当孩子们有了足够丰富的日常活动，发觉了更加实际、更加有趣的活动，迷恋程度就会减轻。所以，家长们想办法给孩子找更多的替代活动让孩子更主动地遵守规则，把手机和电脑这些事物摆到恰当的位置。

如果你不允许孩子玩手机，那么首先你自己就要远离手机，其次要给孩子找到替代活动。如果你能引导他搭积木，如果你能给他讲故事，如果你能带着他去外面舒展一下筋骨，好好活动一下，孩子们会更乐意。

制订规则并不妨碍你爱孩子，相反，只有这样的爱才是恰当的、负责任的。

## 2. 用延迟满足的方法训练孩子的自制力

在对鼎鼎的教养中，我最感到欣慰的就是鼎鼎的耐力比较好，基本上不会着急慌乱，也不会矫情小气，能够理解别人，并且愿意等待，他认定要做的事情会坚持很久。

好友曾经向我讨教："我那女儿，我真是没辙了，一点儿耐性都没有，刚走10步就不想走了，那看书跟翻书似的，她想要的东西，半夜也得去买。快把你的秘诀给我传授一下吧！"

我的秘诀就是"等一等"，高级一点的说法就是"延迟满足"。

1970年，美国斯坦福大学的沃尔特·米歇尔教授以4～5岁的孩子为对象进行了这样一个实验：

孩子们围坐在一个桌子边，每个人面前都有一块糖，教授告诉孩子们：

"我要出去15分钟，你可以吃桌子上的糖，但是如果你能忍住不吃，我回来后就会再奖励你一块。"

教授回来时，发现大多数孩子将糖吃掉了，而很少一部分孩子没有吃。教授依照承诺给那些遵守规则的孩子再发了一块糖。那些得到第二块糖的孩子非常高兴，而那些提前吃糖的孩子则有些后悔和羡慕。

这就是著名的糖果实验。从这个实验可以看出："延迟满足"对我们自身的控制力会产生多大的影响。

延迟满足是指"为了更多的东西而克服自己眼前的欲望，以及为了达到目的可以忍耐多长时间"。这也就是自制力。有的孩子会表现得非常急躁。比如他想吃饭的时候，发现面条很热就会非常暴躁，认为面条热是妈妈的错，是妈妈把这么热的面条放到自己的碗中。只要是他要求的，就必须马上实现才对。这是孩子在成长过程中普遍存在的问题，也是通过努力能解决的问题。比如，孩子做事情没有长性，三分钟热度，经常半途而废，做事不认真不专注，看到什么就要什么，得不到就闹翻天，这些都是孩子自制力差的表现。

孩子自制力的培养也是一个从无到有的过程。孩子处于婴儿阶段时，开始只有很小的忍耐力。一个婴儿的全部需要，必须借由他人得以满足，哭就是他的求救信号，哭了就代表他已经忍耐到了极限。但是即使是新生儿也应该让他学着等待一会儿，哪怕只有短短的一分钟。对于一个婴儿来说，忍耐意味着只能等待两三分钟。等到2～3岁时，孩子已经会用语言向人倾诉他的要求，但是他还是不太懂得通过各种能力来调整自己，他急切地表达自己的欲望，迫切希望得到他需要的东西，从而显得毫不讲理。

"等一等"在孩子的成长阶段非常重要。

**第一，让孩子学会等待，不要立刻满足他。**

在我儿子小的时候，我注意到他会变得阶段性不听话，这种不听话往往出现在和奶奶住上一段时间后。有时候我的工作会变得非常忙，在忙的时候我就会把孩子送到奶奶家，等到清闲的时候再自己带。每次从奶奶家接回来后，我就发现儿子特别难带。如果他的要求没有得到满足，他就会脾气急躁到躺在地上打滚。他奶奶是天生的好脾气，尤其对待孩子完全是有求必应，所以每次回到我这里，他都要有几天不适应。

孩子之所以变得这么没有耐性，主要是我们对孩子有求必应，孩子要什么我们给他什么。这就让他习惯把自己的需要放在首位，逐渐养成了骄纵、没有忍耐力的习性。想要锻炼孩子的耐心，一定要有原则。家长应该引导孩子懂得这样一件事：还有比自己的要求更重要的事情。这是孩子学会控制自己欲望的前提。我们的原则是他们行动的规则和约束力，当他慢慢适应父母的原则，能够等待能够理解时，他的忍耐力也就得到了提升。

所以，与其到时抱怨孩子不争气，不如现在改变自己的教育方式。当孩子有要求时，我们应该让孩子等待一下。比如吃饭要等到全家人都到齐时才能开始吃，买东西时要学会排队，游戏和看电视要等到作业完成之后，要认真听别人把话说完再发言。

需要注意的是，父母也不能漠视或是敷衍孩子的需求，更不能在答应了孩子的要求后，让他无限期地等下去。这不仅无法让孩子形成忍耐力，还会让我们在孩子心中失去信誉，甚至让他也变得不守承诺、不重信誉。

**第二，教会孩子学会控制自己的情绪。**

缺乏耐力的孩子，通常也无法控制自己的情绪，遇事比较冲动。只要超过了他的忍耐范围，他就会忍不住发脾气，甚至做出一些失控行为。所以，父母应该教会孩子控制自己的情绪，学会冷静下来。

当孩子生气的时候，可以让孩子放轻松，深呼吸3次，做某件事前在心中数数，考虑一下后果，从1~10，10个数字数下来，内心可能就平静了，也能忍受住一些诱惑，从而变得坚强而勇敢。

**第三，教孩子学会坚持。**

孩子做事经常虎头蛇尾，三分钟热度，什么都想干，但是没有一件事能坚持做完，这是没有耐力的表现。告诉孩子，要想把一件事做好，坚持必不可少。

要让孩子学会坚持，父母首先要调整自己的心态，不要什么事都去帮孩子做。父母首先要做孩子的啦啦队，鼓励孩子坚持做下去。还要承担起指导责任，教会孩子方法，指导孩子将目标分解成小目标，一个一个地指引孩子去实现，去完成。

自制力的获得，并不是一朝一夕的事情，延迟满足也不能只靠父母的只言片语就能奏效，提高孩子的自制力，父母必须做好长期准备。

## 3. 怎样应对孩子的不礼貌语言

例1：爸爸带点点去同事家做客，开始，点点和叔叔家的小妹妹玩儿得挺好，一会儿，估计是妹妹不小心大力推了她一下，点点就不高兴了，大声责骂道："你个王八蛋！你弄疼我啦！"

例2：开饭了，多伦又坐在电视机前不愿意离开。妈妈叫他，他就答应一声，身子却不动。一会儿，爸爸急了，过去一把把儿子抱起，放到了餐椅上。多伦不愿意了，一边叫喊着"爸爸坏"，一边从椅子上挣扎着跳下地来，又"噔噔噔"跑回到电视前。爸爸也生气了，过去直接关了电视，这次，多伦彻底崩溃了，他哇哇嚎哭，大声喊叫："我讨厌爸爸，让爸爸去死！"

实际生活中，像点点和多伦这样不讲礼貌、用语粗俗的孩子并不少见。一个孩子的语言习惯，不仅反映其家庭教养，更对其性格及未来社会交往有着非常深刻的影响。那么，你的孩子为什么会突然冒脏话呢？

3 ～ 6岁，正是孩子语言发展的敏感期，大人说什么，小孩子一听就会，而且还总能用对地方。所以，孩子口里冒出的脏话，也大多是鹦鹉学舌。

父母是孩子的第一任老师，父母因生气脱口而出的脏话，再配以非常解恨的表情，在孩子看来，就是一种很豪爽且能够有效解决问题的途径，所以，善于模仿的他们，一定会默默记在心里，一有机会就会去用一下。当然，父母的言传身教之外，从电视剧、社会上，甚至是从幼儿园小朋友身上，孩子都能听到并学会一些粗话。

正所谓"人之初，性本善"，没有生来就粗话连篇的孩子，当然也没有一生下来就知道礼貌为何物的孩子。一个文明懂礼的孩子，都是通过父母后天有意识、有技巧的教导培养出来的。

**方法1：言传身教，让孩子懂得礼貌用语的重要性。**

榜样的力量是无穷的，孩子最早学习礼节的模板就是父母，因此，父母一定要规范自己的言行，通过自己的言传身教培养孩子好的语言习惯。

比如，父母回家后，要主动和长辈以及其他家人打招呼问好，出门时要告别；和长辈说话要态度谦虚，即便是家人间，也要习惯使用礼貌用语，像"您""请""谢谢""对不起"等。当然，父母和孩子说话，或者孩子对父母表达了特别关心，家长也要客客气气的。家人之间使用文明用语并不是无所谓的客套，而是对彼此间的尊重。孩子理解了这点，并习惯于这样说话的话，到外面也自然会使用文明语言，待人彬彬有礼，而且是发自内心的。

方法2：**避免过激反应。**

如果孩子冲着你喊出了"大笨蛋"，或者在社会交往中无意之间就冒出了脏话，请尽量不要生气，也不要立即教训，更不要当着别人的面就对他进行呵斥。请记住，在幼儿早期教育中，无论何种状况下的呵斥，都是百害而无一益的。所以，当这种情况出现时，父母应该面对孩子，平静而坚决地告诉他："我们的孩子可不能是个动不动就张口骂人的孩子。"然后，你要教会孩子用礼貌的方式表达自己的想法，像例1中，就可以教给孩子这样说："你要是想让妹妹和你玩的时候多加注意，你就得好好说。你说'妹妹，你这么推我我胳膊会很痛'，她就知道了。"

方法3：**容忍并尊重孩子的不同意见。**

没有一位父母希望自己孩子长大后像个木偶一样，你说什么就是什么，没有想法与自主意识，只等着别人摆布。那么，从现在起，你就要允许孩子不听话，容忍并理解他们的自我意识。

你要知道，他们突然冒出的脏话，是表明他们不高兴了，而这样的不高兴背后，往往就是因为他们有着别的意见。所以，你允许这样的不同意见存在，但要让孩子明白，用不礼貌方式表达的要求，不可能有好的效果。就像例2中的多伦，妈妈就可以告诉他，他其实只是想多看一会儿电视，但因为爸爸干涉了他的想法，就说爸爸坏，最后导致的只能是爸爸的伤心失望。之后，妈妈就可以教多伦怎样用积极方式表达提出要求。"你可以跟爸爸说，我能不能再看一小会儿电视，看完这一点点，我就去吃饭好吗？"长期的教导加上孩子语言表达能力的逐渐成熟，慢慢地，孩子就能够用礼貌的方式提出要求了。

**方法4：表扬孩子的礼貌行为。**

当孩子自觉使用礼貌用语时，父母就可以通过及时赞美强化这种行为。不过，父母的表扬一定要明确和具体，不要只是笼统地夸"宝宝乖""宝宝真不错"等，而要说明表扬的具体原因，让孩子明白你为什么表扬他。"奶奶刚才给你橘子的时候你说了'谢谢'，真棒！"或者"今天一见刘叔叔你就主动问好了，真是个好孩子！"孩子得到了赞美，而且很明确地知道了为什么被赞美，好的行为就能被强化，就能被继续坚持下去。

# 4. 让孩子告别拖拉，提高做事效率

9月份的时候，安安妈将刚满3岁的安安送进了幼儿园。与别的小朋友每天哭哭闹闹不同，安安似乎很适应幼儿园的生活，每天早睡早起，到了幼儿园就笑眯眯地跟送她去的爸爸妈妈道别。老师们也很喜欢安安，说他听话、懂事，又聪明伶俐，老师刚教两次的儿歌他就能一字不差地背出来，而且很能耐得住性子，尤其是手工和绘画，做得比别的小朋友都精致，这对他这个年龄的幼儿来说非常不易。

对于安安上幼儿园后的表现，爸爸妈妈感到很欣慰，只是安安做事太慢。吃饭的时候东张西望，往往别的小朋友吃完了，他还端着大半碗饭；

午休后老师要求大家叠毯子，别的小朋友早就叠好去玩儿了，他却还像绣花一样，在那里一点一点地要把所有褶皱抹平……虽然安安做事比别的小朋友细致，可是作为一个男孩子，显得有些拖拉。爸爸妈妈多次提醒他，希望他快一点儿，甚至还因此批评过他，可是毫无效果，爸爸妈妈为此特别着急。

3～6岁是儿童养成各种良好行为习惯的关键时期，孩子做事认真细致，固然是好事，但如果速度太慢、效率低下，且已经形成习惯的话，对于其未来学习和生活都是非常不利的。那么，幼儿做事缓慢，太过拖拉，要如何矫正呢？

**第一，向孩子讲明拖拉的坏处。**

爸爸妈妈一发现孩子有做事拖拉的习惯，就要立即指明，并就事论事，向他们说明拖拉的坏处。比如，做事慢，效率就会低下，如果在任务多的情况下，就可能无法完成；做事拖拉，养成习惯的话，会被别人认为是做事不认真，不专心，所以才导致慢。当然，做事拖拉的人也难免会给别人留下有些笨拙的印象。

针对故事中的安安，爸爸妈妈就可以告诉他："吃饭的时候一定要专心，不然眼看着别的小朋友都吃完了，老师却还得过来给你喂饭，多不光荣啊。而且你现在吃饭慢，以后成小学生了，肯定就会写字慢，这样你学习怎么能跟得上，还怎么像表哥一样年年拿奖状呢？"

**第二，给孩子设定完成任务的时间。**

要求孩子在规定时间内完成什么标准的任务，是治疗儿童拖延的第一良方。在孩子做事之前，父母可以有意无意地给孩子设定完成时间，以缓减拖延，并在反复多次的训练中将其固化成孩子的一种行为习惯。比如，出门之前就可以这样要求孩子："马上我们就出发去动物园，给你5分钟时间穿鞋，准备好了吗？准备好了我马上开始计时！"为增加这种活动的主动性，刚开始的时候，还可以事先就跟孩子制定奖惩措施，在规定的时间内保质保量完成就奖，如果完成不了就罚。

**第三，与同龄伙伴开展竞赛。**

当爸爸妈妈发现孩子有做事拖拉的习惯后，可在孩子身边，特别是熟悉的小朋友中间寻找一个做事果断、利索的人作为标杆，让他们一起开展竞赛，比比做同样的事情时谁能做得又快又好。

**第四，善于发现孩子的好习惯，并及时强化。**

大多数拖拉的宝宝，并不是做每一件事都拖拉，这就需要父母摒弃挑剔，一旦发现孩子能迅速且果断地做完某件事，就要及时予以肯定和夸奖，记得要特别言明是因为孩子办事利索才会大加赞赏。这样做，肯定比批评有效，这在幼儿不良行为的纠正中是永恒真理。

## 5. 一定要让孩子爱上阅读

很多上完大学甚至已经走入社会的人，都不怎么会阅读。所谓的不会阅读，并不是说这些人读不懂书中的内容，而是在阅读速度、理解深度以及阅读时间和阅读习惯方面有问题，特别是在阅读书籍时，很多人往往沉不下心，不能进行长时间阅读，更不能在短时间内将书中要义悉数掌握。

一位来自英国的育儿专家专门针对这类成年人进行调查，最后得出结论，这些人其实从小就没有形成阅读习惯。这种现象并不是个例，是在我们现实生活中大量存在的。因为有太多父母把阅读习惯的培养寄希望于学校，可事实上，孩子在六七岁进入小学后，才会正式进入到系统且规范的学习生活中，除去寒暑假，每天大约有七八个小时待在学校，在这样短的时间内，要完成品德养成、所有学科知识的学习，并养成好的阅读习惯，确实非常困难。而育儿专家也证实，阅读有助于提高孩子的自制力，从小就让孩子养成好的阅读习惯，让他们爱上阅读，更容易使孩子集中注意力，这对于孩子未来的学习和成长以及良好习惯的养成，都益处颇多。

那么，父母如何提高孩子对于阅读的兴趣，让他们爱上阅读呢？

**第一，为孩子准备睡前故事。**

让孩子养成睡前听故事的习惯，一方面是为了增进亲子情感，另一方面则能让孩子养成读书的习惯。他们一旦喜欢上读书并将读书当成他们生命中的一部分，那么他们在认字之后就能够自己读书。

对大人而言，给孩子读书也是他们了解孩子并完成自我提升的过程。有位妈妈新买了一本故事书，睡前读给孩子听，孩子听的过程中问了几个为什么，半个小时后，孩子听着故事睡着了，妈妈却打开电脑把儿子的疑问一个个百度了出来，第二天细细解释给儿子听。

**第二，读书从"薄"开始。**

对于字不识几个又没有养成阅读习惯的孩子来说，厚重的书本无疑是洪水猛兽，足以让他们对读书这件事情产生极大的畏惧。所以，在刚刚带领孩子进行阅读，或者孩子刚开始自主阅读的时候，一定要慎重选择提供给孩子的书，既要内容有趣，也要符合孩子的阅读量和阅读能力。

比如，对于学龄前儿童，就可以多选择画面精致、颜色艳丽的故事性绘本，内容以20～30页为宜。对于小学生，就可以为他们提供一些带插图的小故事，这种书文字量比绘本多，父母可以从四五页的小故事开始，循序渐进地为他们增加书本厚度，到他们进入小学后，他们就可以搞定百十来页的"大部头"了。

**第三，以丰富形式感染孩子。**

与大人从现实需要出发干某事甚至强迫自己干某事不同，支配3岁儿童行为的动力只有一个，那就是兴趣。所以，如果你希望孩子广泛涉猎文学作品，期望他们从中增加词汇量、学习知识、充实阅历，想让孩子接触并爱上阅读，就要让他们在阅读中体会到乐趣。比如，我们在给3岁孩子讲故事的时候，可以跟孩子制作故事角色中的玩偶，然后做情景表演让他们全面体验故事的乐趣所在。或者，跟孩子一起在生活中验证书中所传授的知识。书中讲了降落伞的原理，那么爸爸妈妈就可以用塑料薄膜制作一个小型降落伞，将小而轻的玩偶拴在下面，高高抛起，再和孩子一起看着我们的"跳伞员"慢慢落下。再或者，给孩子讲完故事书后，给孩子看一些关于故事的卡通片，或者一起制作一些与故事角色有关的图画和手工等作为阅读拓展。

**第四，开展不同形式书籍的阅读。**

阅读不同种类的书籍，可以拓宽孩子的视野，帮助他们发现兴趣所在。像漫画、推理、科幻、自然科学等书，都可以让孩子增长知识，也都可以适当地让孩子读一读。

另外，在孩子阅读这些书籍时，家长可以仔细观察，注意发现孩子的兴趣，或者在孩子阅读时多问问孩子："你喜欢不喜欢这本书啊？""为什么喜欢这本啊？"鼓励孩子说出自己的想法，然后根据孩子的兴趣爱好给孩子选择适合的书，以便进一步扩展他们的阅读量。

## 6. 别让耍赖成为孩子的武器

"以后再也不带你出来了。"东东妈妈气呼呼地对东东说。可是，妈妈的话根本不起任何作用，下一次东东还是那样的表现。究竟是什么问题让东东妈妈如此生气呢？

东东妈妈带东东到同事家玩了一整天，傍晚该回家了东东还没有玩够，他表示再玩一小会儿。可是几个一小会儿过去了，东东还是不想回家。妈妈拉起东东的手想带他离开，东东一下子坐到了地上就是不起来，表示如果能将汽车玩具带走他就回家。

每次都这样，东东妈妈生气又焦虑，孩子怎么这么爱耍赖？

其实，大部分孩子都会耍赖。这也是很多父母害怕带孩子外出的原因。孩子去商场什么都要，去游乐场什么都要玩，去朋友家什么都想碰，如果爸爸妈妈不给予满足，就开始满地打滚。孩子在公共场所这样，家长为了不丢面子，只好顺从孩子的要求。小鬼灵精们很快地就发现了在公共场合自己的愿望会更容易达成这个绝招，屡试不爽，耍赖也就成了习惯。

当然，孩子的自我意识和自控力还正在发展当中，如果一个小孩子能够像大人一样有礼、有节、有制那是非常不现实的。但是，我们绝不能任由孩子对我们软磨硬泡，任由孩子毫无顾忌地践踏约定，任由孩子在公共场合哭闹撒泼。

孩子们尽管小，但是他们也该明白在任何地方都有应该遵守的规则，凡事都有节制，在公共场合更不能想怎么做就怎么做。孩子经常耍赖，长大后就可能变得自私、没礼貌、没有责任感和不知感恩。到时孩子行为方式肯定会出现偏颇，那时候问题就严重了。

从实质上说，孩子的赖皮行为只是一种不合理的情感表达方式，要想根治孩子的耍赖毛病也要从这里入手：父母既要坚持原则，让孩子明白底线在哪里，又要注意方法，给孩子找到正确的情感表达方式。家长们不妨按照下面的方法去做：

**第一，营造既民主又有原则的家庭氛围，保持教育的一致性。**

孩子出现耍赖行为与家庭氛围有很大关系。没有原则，父母对孩子的要求言听计从，孩子就会表现得任性而耍赖，不达目的不罢休。如果家庭氛围一直是民主的，孩子会得到自己应得到的待遇，孩子从来不会感觉到压抑，到了外面就不会任性妄为；家庭氛围是讲原则的，孩子就不会索求无度。因此，既民主而又有原则的家庭环境应该是父母们努力营造的。

另外，很多孩子能够毫无顾忌地耍赖正是因为他们找到了合适的"靠山"。在家庭中，善良心软并对孩子十分宠爱的长辈最容易成为孩子的靠山。孩子们马上就能分辨出谁在家中的地位比较高，孩子要听爸爸妈妈的话，但是爸爸妈妈也要听爷爷奶奶的话。所以，孩子们想要某件东西时，通常会把爷爷奶奶搬出来，"爷爷同意了"；当爸爸批评时，他也会飞快地直奔奶奶身旁寻求庇护；到了公共场合，所有的外人都是靠山，因为爸爸妈妈肯定不想在外人面前丢脸。

保持教育的一致性是非常重要的。家庭成员中哪怕是非常细小的分歧都可能会让聪明的孩子寻找到耍赖的机会。爸爸妈妈首先要达成一致，更要和爷爷奶奶达成一致。

教育孩子，功夫一定要用在平时。亲情、友爱、平等、民主的家庭氛围才能养出开朗、懂事的孩子。尊重孩子的意愿，多去了解孩子的想法，多与孩子沟通交流，遇事多和孩子商量，让孩子习惯用语言和协商的方式来解决问题，这有利于孩子克服暴躁的情绪，从而减少哭闹、耍赖的行为。

**第二，在孩子耍赖时，家长的表现最关键。**

大部分家长在孩子耍赖时要么脾气暴怒地制止孩子，要么害怕尴尬和丢面子而纵容孩子的耍赖。这样的表现并不可取。

当孩子耍赖时，父母的表现非常关键，重点可以概括为：提早进行预防和警告、情绪冷静地亮出底线、必要时做好离开的准备。

孩子出现耍赖行为一般是有预警的，对孩子了如指掌的父母很容易就能发现这个信号。因此，当信号出现时，父母就要对孩子进行适当的警告：

"宝宝今天已经买了一件玩具了，足够玩一整天了。"

"妈妈身上没有多余的钱了。"

"我们今天出来的目的都达到了，该回家了。"

提早打预防针对于年龄比较大的孩子是非常有效的。

孩子出现耍赖的苗头时，家长一定要保持镇定，提出警告无效后，就要亮出自己的底线。

"今天只能买一件玩具。下次我们再来买。"

"10分钟之后离开。我们下次请哥哥到我们家玩。"

"今天只能到这里，下次再去别的地方。"

父母亮出的底线会让孩子们有所收敛。孩子尽管心中有不满，但是因为妈妈给出下一次的诱惑可能心理有所平衡。

如果这些都做完了，孩子还是坚持耍赖，那么家长们就要实施最后一步了，做好离开的准备。孩子们的耍赖需要一些严厉的对待，父母的态度是否坚决，决定着孩子会耍赖多长时间。父母准备离开的态度，会让孩子意识到问题的严重性。很多家长都是一边哄着、劝着"宝宝我们该走了"，实际上依然停留在原地，孩子肯定不会跟你走的，你应该果断向前走，孩子肯定会哭，但是很快就会跟上来。

　　我和儿子之间有这样一个默契，平时我们都会喊他的小名，如果他出现耍赖、无理取闹行为时，我就会喊他的大名。当他听到自己的大名时，就知道妈妈生气了。我会认真地告诉他自己不满意的原因，暂时不想理睬他了，等过一会儿看他的表现。

　　我们不吼叫、不打骂孩子，尊重孩子，但是在必要的时候还是需要一些姿态，这种姿态可以让孩子明白家长的底线，让孩子明白自己做错了，让孩子知道该怎么做。

　　**第三，一定引导孩子对耍赖行为进行反思。**

　　耍赖之所以会养成习惯，通常是因为家长没有带孩子进行有效的反思。孩子这次耍赖过去了就过去了，没有在他心中形成印象，他下一次还是照旧。

　　不管这一次的耍赖是如何解决的，都要引导孩子进行反思。孩子表现得不错要给予表扬，鼓励孩子再接再厉；孩子表现得不好要指出他的错误，并且让他做出保证，下一次要避免。这种反思通常要在事后孩子平静、心情好时进行，这时孩子会更容易接受妈妈的理性分析。

# 第八章

# 独立、自信、抗压：孩子受用一生的宝贵品质

在孩子人生的头几年里，他们能够看到、体验到、感受到，甚至释放掉的东西都可以叫作早期教养，而幼年生活奠定了孩子一生的基础。生活意志的强弱，是否具有竞争力这些都是文化教育与社会教育难以改变的，独立、自信、抗压，这3个让孩子受用一生的宝贵品质主要出现在幼年的家庭生活中。

父母给孩子一个宽松的成长环境，让孩子学会自己的事自己负责、自己解决，让孩子明白，任何人都有自己的使命和责任，任何人都不能推卸自己的责任，自己的人生自己负责，自己的未来自己做主。

## 1. 从分床睡开始，给孩子独立的时间和空间

我在怀孕期间准备宝宝用品时，坚持要买婴儿床，当时婆婆非常不理解。

"你们房间的床足够大啊！孩子完全睡得下啊。房间放了婴儿床反而变小了，相当于浪费。"

和我婆婆抱着相同想法的人并不在少数。

对于大多数父母来说，最幸福的事情就是睡觉时，孩子在旁边。看着我们身边的小可人，我们多么愿意时间就定格在这一刻。那么，和孩子一起睡，到底行不行？

我更倾向于不在一起睡。不在一起睡，好像是不方便照顾孩子，尤其对于母乳喂养来说。但如果让孩子的小床与我们的大床挨近一些，这个问题马上就解决了。

分床睡有一个重要的好处就是有利于孩子的健康。三口人挤在一起，孩子一般都被放在中间，两边父母呼出的二氧化碳都流向了中间，孩子很少能够呼吸到新鲜的空气，久而久之，会出现呼吸不畅、做噩梦、啼哭等现象。加上两边厚厚的棉被都会压到孩子，给孩子造成负荷。与父母共用一条棉被，也很容易引起病菌感染。父母翻身时，也会惊醒孩子。

我坚持给孩子使用婴儿床的另外一个重要原因就是想要从小培养孩子

的独立性。孩子能够独立在自己的小床上睡觉，而不必拍着哄着，长大了也就能独自睡眠。分开睡，让孩子和家长的私人空间都变大，睡眠习惯和睡眠质量都变得更好。这样从分床到分屋睡就变得简单多了。

如果你之前并没有选择与孩子分床睡，那么到了3周岁最好开始注意了，3周岁左右是分开睡觉的最佳时间。

3岁左右的孩子，进入幼儿园后，基本上能够自理，吃饭、睡觉、穿衣、洗漱、大小便都可以独立完成。一方面，3岁正是孩子独立意识萌芽和迅速发展的时期，安排孩子独睡，对于培养孩子心理上的独立感很有好处。这种独立意识与自理能力的培养对孩子日后社会适应能力的发展有直接益处。

另外，3岁左右孩子开始出现怕黑、怕怪物、不敢独处等问题，这时候让孩子学会独自去睡觉，可以帮助孩子克服这些心理障碍。另外，这时候的孩子也开始有了性别意识，分开睡有助于孩子更加理解两性区别，避免出现一些性别意识障碍。孩子四五岁时，到了男孩儿恋母、女孩儿恋父的时期，这个时期的恋父恋母情结比之前单纯的喜欢和父母在一起有所不同，不但会表现得对父母更加依恋，而且具有排他性，会导致孩子日后缺乏自爱、自律，甚至形成性识别障碍。因此，3岁之前分床是顺水推舟，而到四五岁时，再分就挺难了。

我曾经有一位同事，她的女儿马上就上小学了，还不能自己独立睡觉，而这位妈妈现在又有了第二胎。一开始全家四口人挤在一张床上，最后实在睡不下，爸爸只能去另外一个房间睡了。女儿什么都离不开妈妈。小女孩到现在都十分黏妈妈，所有的事情都要妈妈来处理，别人帮忙都不行，想去的地方必须妈妈陪着才会去。一开始，妈妈都会尽力满足她，可是有了小弟弟后，难免会疏忽女儿的要求。这个女孩儿现在变得有些脾气暴躁。

我的这位同事还要上班，每天都向我大吐苦水。

"赶紧和你的女儿分开睡吧！赶快做这件你早该做的事情吧！"

和孩子分开睡，就像断奶一样，对孩子来说是至关重要的大事，在孩子成长阶段具有里程碑意义。为了避免孩子出现大的情绪反应，与孩子分开睡一定要循序渐进进行，如果一直拖着，问题反而会更加棘手。

很多家庭都会提早准备孩子的房间，这一个房间一直是空置的。想等到孩子大一些直接让孩子使用。其实，我更建议父母不要那么早装潢孩子的房间，而是要等到孩子快3周岁分开睡的时候，再让孩子自己布置新房间。孩子对自己选择的东西更容易接受一些。如果突然让他入住空置很久的房间，会让孩子产生一种被放逐的感觉，加重孩子的恐惧感。

你可以带孩子去逛逛百货商场，让他自己挑选他的"大孩子的床"，或者是"特殊的床垫"。如果之前孩子一直和自己睡，那么妈妈不妨先和孩子一起到新房间住几天，帮助孩子适应新环境。慢慢地，等睡熟时再回到自己的房间让孩子独睡。半夜醒来时，孩子非常有可能会找你，这时，重要的是千万不要让孩子回到你们的房间，而是你再回到他的房间陪他一会儿。第二天孩子睡醒时，一定要保证孩子能够看见你，对孩子进行拥抱安抚和鼓励。孩子逐渐就会接受分床睡。

让孩子适应自己的新房间一般需要一两个月的时间。在这期间，孩子肯定会发生各种情况——做梦了、想要尿尿了、害怕了，他都要回到原来的房间。你一定要尽可能去做各种安抚工作，和他躺在他的房间里，讲故事哄他入睡，拍着他的背，抱着他。如果孩子格外抵触，那么可以告诉孩子一些规则："如果你半夜醒来，你可以到父母房间的垫子上睡，但是一定要小心翼翼，不能吵醒爸爸，因为爸爸也需要休息。"

幼儿园阶段的孩子，已经能够明确晚上是睡觉时间，这样的规则可以让孩子觉得在父母房间睡其实也没有那么好，慢慢就减少回父母房间的次数。最终每个孩子都会习惯在自己的房间里睡觉。

与孩子分开睡除了要帮助孩子克服依赖心理、孤独心理和恐惧心理外，还要做好一些细节工作，以便营造良好的睡眠环境。比如房间的温度和被子的厚度，孩子的衣物都要适宜，避免孩子着凉或发热；孩子的床不应该离地面太高，确保孩子不慎掉到地上不会有危险；孩子的房间最好不要太花哨，过于杂乱的装饰在晚上反而会变得恐怖；孩子的房间最好与自己的房间相邻，洗手间的使用、电灯的开关一定要方便；在分开的最初阶段可以根据孩子的需要在床边安个夜灯，待他逐渐适应后再关上。

## 2. 提高孩子自理能力的10个日常训练

生活自理能力是指孩子在日常生活中照料自己生活的自我服务性劳动的能力。那么对于3岁左右的孩子，应该具有的自理能力包括哪些呢？

（1）独立吃饭。

3岁的孩子手腕动作的成熟度已经与成人非常接近，已经可以很好地握住勺子，因此，可以独立吃饭。此外，对孩子的要求可以提高一些，不仅能够使用汤匙，还需要培养一些用餐礼仪，如吃东西时一手拿餐具，一手扶住碗，吃完才能离开餐桌，食物不能洒落太多等。

（2）刷牙。

刷牙不仅是良好的卫生习惯，也能让幼儿提升手部运动的能力。虽然孩子此时还不能刷得很好，不过重点在于让孩子接受刷牙并养成习惯。因此，父母务必要有耐心，持续协助孩子刷牙，直到他养成习惯为止。

**（3）喝水。**

3岁的孩子应该能做到主动取水喝。知道用自己的水杯喝水，在取水时会开水龙头或是会按饮水机按钮。接水时要注意冷热，接自己需求的水量，不浪费水，不玩水，不喝生水，喝水时不说笑，不边走边喝。喝完水后，要把水杯放回原位。

**（4）洗手洗脸。**

3岁的孩子应该能够自己洗手洗脸。

卷衣袖——湿手——擦肥皂——搓手心、手背——冲洗——双手靠近盥洗池甩水——打开毛巾擦干净。洗手时在别人后面等待，不拥挤，不玩水，不浪费水和洗手液。

**（5）穿脱衣物。**

在会穿衣裤之前，必须先学会脱衣裤，因为"脱"比"穿"的动作更容易。

短袖衣服、短裤比长袖衣服、长裤更容易脱，建议从短裤、短袖衣服开始练习，不论用什么姿势，只要孩子能顺利脱下衣服就可以。

先让孩子分辨衣物和鞋的前后与正反面，协助他穿上一边，另外一边则可让他试着自己穿上。

穿衣服可以让孩子从容易穿脱的开襟式衣物开始练习，增加孩子的自信心，然后耐心地教会他穿脱比较难的套头式衣物。

**（6）帮忙做简单家务，如收拾玩具、拿碗筷。**

不论收拾玩具或做其他家务，父母都应做出表率，使孩子有一个好的模仿、学习对象，提升孩子参与的积极性。另外，父母不要用成人标准去要求孩子，只要孩子愿意做，就应给予鼓励。

**（7）如厕和明确表达需求。**

3岁的孩子应该能清楚表达自身的生理要求。幼儿园阶段的孩子应该能独立上厕所，上厕所时能够自己穿脱裤子。

平日可穿松紧带式的裤子，以方便孩子学习。每次带孩子如厕时，可以一边做一边说："先把外面的裤子拉下来，再拉下里面的小内裤。"等到上完厕所，再告诉孩子："要先提上里面的小内裤，再提上外面的裤子。"经过几次训练之后，孩子就能熟悉脱、穿衣服的顺序。

**（8）睡眠。**

幼儿园阶段的孩子应该做到独立睡眠。

睡前上厕所，洗手，培养睡前状态。

安静地上床，脱衣放在脚那边，躺下后盖好被子，闭眼，不玩任何东西。睡觉时睡姿正确，侧卧或仰卧，不能俯卧或蒙头睡。醒来后不吵闹、不说话、不影响别人，主动自己穿好衣物鞋袜，然后如厕、洗脸。

**（9）懂得一些卫生常识。**

知道自己的身上是否清洁，在成人提醒下能拍打身上的尘土，知道地上脏不随便躺在地上。

知道勤剪指甲，勤理发，勤洗澡。

在大人提醒下不吮手指，不咬手指，不用脏手擦眼睛。

知道流鼻涕要用手帕或纸巾，学习手帕或纸巾正确的使用方法。

不随便把物品放进口、鼻中。

会使用垃圾桶，知道将废物扔进垃圾桶中。

注意保持桌面、墙面的清洁，不随意用蜡笔、水彩笔画桌面、墙面。

能协助老师放好玩具、用品，不把玩具丢在地上。

**（10）懂得一些常识。**

在公共场所保持安静。

能够认真听别人说话，不随便打断别人。

上下楼梯靠右边，不推、不挤、不跑、不跳。

不随便动别人的东西。

物品使用完之后要放回原处。

有礼貌地坐在自己的位置上等家长来接，不跟陌生人走。

能够与亲人、老师、同伴问好以及道别。

## 3. 性格塑造的基础期：让孩子找到自信的感觉

3～6岁的幼儿阶段，孩子的自我意识进入到了高速发展阶段。由于自我意识的成长，他们的性格也逐渐清晰和明确起来。有的孩子是非常活泼、非常开朗的外向型性格，而有的孩子则是安静谨慎的内向型性格。两种性格各有各的好，但是无论是哪种性格，都不能缺少自信这一"成分"。外向型性格如果没有自信支撑，只能算是"纸老虎"，内向型性格如果没有自信作为根基，肯定会伴随胆小自卑等负面性格。因此，在性格塑造的基础期，帮助孩子找到自信的感觉非常重要。

那么，家长应该从哪些方面培养孩子自信的品格呢？

**第一，尽量给予孩子正面评价，建立孩子的自信心。**

随着孩子年龄的增大，他们所在意的事情越来越多，而且进入集体生活后，同学及同伴的竞争会变得非常多，孩子会自行比较，也会在意他人的评价，甚至天性敏感的孩子还会从大人言谈举止的细枝末节中"胡思乱想"，对号入座。一旦他感觉自己没有被重视，或是受到了某些负面评价，就会认为自己是不好的，从而产生强烈的自卑情绪。所以，孩子在成长过程中，时刻需要来自他人尤其是父母的关注和鼓励。

例如，孩子做了一件手工、布置了房间等，这些事情都得不到父母支持认可，反而被父母说成不务正业、浪费了时间精力、浪费了金钱。不断接受否定、拒绝的孩子，做任何事情都会显得毫无信心，而这样的人也是很少会有成功的机会的。那些不断受到父母鼓励与支持的孩子，面对人生的挑战才是充满自信的。

**第二，所有自信都是建立在尝试和冒险之上的。**

很多孩子胆小自卑往往是被大人吓的。可以说，正是父母对自己孩子的过度呵护和过多阻止，才养成了孩子胆小怕事的个性，自然也缺少了自信。

一个五六岁的孩子对游泳对跳水感兴趣，他刚站在泳池边上，他的妈妈就在二三十米外像一只被踩到尾巴的猫，冲过来大声喊道："唉哟哟，小宝贝，你这样会淹死的！"如果我猜得不错，这个小孩儿以后可能不敢跳水。

这样的父母就没有给孩子建立自信的机会。

让孩子变得自信起来就是要鼓励孩子敢于尝试，敢于冒险，对孩子想要表现、想要行动的想法予以支持和鼓励。

"儿子，你想跳水吗？"

"我想试一下。"

"好的，妈妈相信你做得到！"

这就是培养自信。

**第三，创建民主的家庭氛围，鼓励孩子多讲话。**

前些天，看美国一个八年级学生在台上演讲。他开发了一款iPhone应用游戏，要寻找投资方。这位小朋友，在台上侃侃而谈，他为什么要开发以及如何开发这款游戏的，清晰的演讲中还有很多幽默的表达。这位美国小朋友是非常了不起的。在后续采访中，大家发现这个小男孩的家庭环境也是非常自由民主的，父母总是鼓励孩子去表达自己想表达的内容，去做自己想做的事情。

只有在自由民主的家庭环境中，才能培养出勇敢自信的孩子，这一点是中国父母应该学习的。

大多数孩子是喜欢说话和表现的，在幼儿园中也会积极回答老师问题。在家中，也是如此。孩子总是有各种各样的问题，总是直接地表达出自己的观点。

我们要让孩子变得自信独立起来，一定要在说话上训练孩子。鼓励孩子多讲话，多表达自己的观点，这样孩子才能不怯场，表现出大气的言行。

## 4. 孩子犯错并不可怕，要给孩子自我成长的机会

著名教育家茨格拉夫人说："必须教育孩子懂得他们不同的一举一动能产生不同的后果，这样，随着时间的推移，孩子们一定会变得很有责任感的。"

只有让孩子学会对自己的行为负责，他们才会对什么事应该做、什么事不应该做有良好的判断。

孩子明白了要对自己的行为负责之后，就会慎重地行动，养成冷静、认真的作风，而这些优秀的习惯对他们的一生都会产生极大的影响。

孩子做错事是难免的，在孩子犯错时，父母要利用这个机会，让其学会承担责任。例如，一个孩子与同学发生了争执，不慎将同学打伤，这时，打人孩子的父母非常生气，但是他们没有像一般的父母那样代替孩子去承担后果，而是让孩子自己去同学家里道歉，赔偿其医药费，并且要求孩子在那段时间里好好照料同学的生活和学习。孩子在照顾同学的过程中，亲眼看到了自己给别人带来的伤痛，经过那件事后，他的脾气收敛了很多，也更加有担当了。

正在成长阶段的孩子，犯错是非常正常的。如果我们能引导孩子在错误中总结经验教训，得到一些思考和进步，那么这些错误也有了价值。因此，犯错之后，引导孩子学会自省变得非常重要。

反省是一个人应该具备的品质。一个人如果能够经常地进行自我反省，那么他会更加客观地认清事实，不会将错误都归结于他人。这种自我反省能力更会促进他不断走向高尚与完美。

做事情时，不断进行反省，可以使事情日臻完美，而在做人上，如果能够经常进行自我反省，也会使自己的人格趋向完美。经常进行自我反省的人，不会陷入自我主义的深渊，不会怨天尤人。经常自我反省的人，是做事无所畏惧、勇往直前的人。

自我反省的能力应该在孩子小时候就进行培养。很多孩子都会有这样那样的毛病，比如撒谎、目中无人、不讲礼貌、虚荣等。如果孩子本身具有自我反省的能力，他就会比较迅速地认识到自己的错误，进而改正。如果孩子能够进行自我反省，父母也没有必要进行长篇说教，以免引起孩子的厌烦与不满。

那么在孩子犯错时，父母应该怎样做才能让孩子学会自我反省呢？

第一，给孩子留出一定的时间让孩子主动承认错误，引导孩子自我反省。

列宁在8岁的时候，有一次陪母亲去姑妈家做客。当时姑妈家的客人很多，其中也有很多小孩子。

活泼好动的列宁很快便与小孩子们打成一片。列宁玩得兴高采烈，一不小心将姑妈家的一只花瓶打碎了。但是当时谁都没有发现，列宁就悄悄走开了。

后来，姑妈发现花瓶碎了，就问孩子们谁打碎了花瓶。其他孩子都说"不是我"。

列宁神色紧张，十分害怕挨批评，在孩子们都说完"不是"之后，也嗫嚅地说"不是我打碎的"。

列宁妈妈见到列宁的神色，感觉到花瓶可能是好动莽撞的列宁打碎的。但是当时她并没有戳穿责问列宁，只是深深地看了列宁一眼，列宁发现妈妈看着自己，低下了头。

在接下来的3个月中，妈妈一直保持着沉默，她等待着列宁自己主动承认错误。妈妈的沉默果然让列宁陷入自责之中，3个月以来他一直在做着思想斗争。

终于有一天睡觉前，妈妈抚摸着列宁的额头，列宁一下子扑倒在妈妈的怀中，泪水夺眶而出："妈妈，我骗了姑妈，是我打碎的花瓶。"

见到列宁终于承认了自己的错误，妈妈欣慰地对列宁说："妈妈很高兴你终于认识到了自己的错误，也为你能够主动承认错误而高兴。我会写信告诉姑妈，我想姑妈会原谅你的。"

有的父母一发现孩子犯错误就会批评孩子，丝毫不给孩子主动承认错误的机会，也不会给孩子解释的机会，父母的这种做法有碍于孩子认清事实，也不会让孩子有所进步。父母这样做只是暂时利用权威压制住了孩子的错误，在以后的日子，孩子还有可能会犯同样的错误。同时他们会对父母产生恐惧甚至憎恨的情感，他们会小心翼翼甚至用撒谎掩盖事实欺骗父母以逃过惩罚和责骂。

因此，在孩子犯错的时候，最好的办法就是引导孩子进行自我反省，给孩子一定的时间缓冲，让孩子主动承认自己的错误。父母不直接指出事情的真相，也不要急于对孩子进行教育，不妨采用冷处理的方式，学着使用列宁母亲对待列宁的方法，在态度上表现出沉默等待，让孩子通过父母的态度意识到自己的错误。等时机成熟的时候，再对孩子进行教育。

**第二，给孩子提供一些乐于接受的建议和批评。**

孩子能够接受别人的建议和批评的时候，通常能够更好地进行自我反省。父母在批评孩子的时候要注意以下几个方面：

不直接对孩子的错误横加指责；

允许孩子做出解释；

应该批评孩子的具体行为而不能否认孩子的人格或夸大事实；

批评孩子时也要注意保护孩子的自尊心。

**第三，重视负面道德情感的作用。**

妈妈和军军逛街的时候路过鱼市，军军吵着让妈妈给自己买了两条金鱼。

回到家后，军军就把两条金鱼放在了鱼缸之中。看着在水中游来游去的金鱼，军军突发奇想，把金鱼从水中捞起来，放在了地板上。看着金鱼在地板上不停地拍打尾巴，军军觉得很好玩，高兴地拍起手来。

妈妈见到军军玩金鱼，大声斥责军军，并把金鱼放回鱼缸之中。军军当然有所不满，所以当妈妈离开的时候，又将金鱼捞出来放在了地板上。

这一次被姥姥发现了。姥姥皱起了眉头，不过她没有像妈妈那样大发脾气，而是走到军军面前，对着军军说：

"军军，如果你口渴而姥姥不给你水喝，你会怎么样呢？"

"当然会很难受。"

"是呀，我想你肯定有口渴时没有水喝的经历。可你将金鱼捞出来不给它们水喝，它们会不会很难受？它们拼命地甩尾巴就代表着它们难受极了。而且金鱼是水生动物，就是在水中才能生活的动物。你让它们离开水，它们很快就会死的。你看其中的一条已经快要死了。"

军军看着地上已经疲惫的金鱼，摸了摸自己的嗓子，默不作声，然后将金鱼小心捡起，重新放回了鱼缸之中。

"姥姥，我不会再让金鱼口渴了。刚才我错了。"

很多父母都很重视对孩子进行正直、勇敢、善良等正面道德情感的培养，但是却忽略了对孩子内疚和羞愧等负面道德情感的培养。其实，一些负面道德情感如果使用恰到好处会让孩子更能认识到自己的错误，有效地让孩子进行自我反省。孩子天生性格中的善良成分会让孩子很快就认识到自己的错误。因此，当孩子犯错的时候，应该让他们懂得羞愧和内疚。父母可以像军军姥姥那样平静指出孩子的错误所在，促使孩子进行自我反省，激发起孩子的内疚感和羞愧感，这样才能让孩子的印象更深刻。

**第四，引导孩子预见事物发生的后果，让孩子自己承担责任。**

很多父母在孩子提出不合理的建议时，首先都会否决孩子的提议，之后耐不住孩子的软磨硬泡而不得不答应孩子。父母在劝阻无效之后，不妨提前告诉孩子这样做产生的后果，当情况发生时让孩子尝到苦果。比如孩子看中了一件不适合自己的衣服或是鞋子，父母首先要告诉孩子衣服和鞋子可能不适合他，穿起来不舒服，如果他非要买，那么他一定要穿着它。当孩子亲自尝试过之后就会反思自己的行为了。

另外，很多父母经常会主动为孩子承担错误以及后果，这样无助于孩子认识自己的错误。比如很多孩子都会将上学迟到归结于妈妈没有喊自己起床。妈妈一定要及早消除孩子这样的想法。告诉他需要上学早起的是他，另外还可以不替他上闹钟，不喊他起床。如果他迟到了，那么让他自己承担后果。有过这样的教训之后，他就会乖乖自己上闹钟或是请求妈妈原谅，并希望妈妈提醒、监督自己早起床。

## 5. 孩子需要帮助时，请适当"袖手旁观"

有一天早上，我的同事刚来上班就要向领导请假。我问她怎么回事。她无奈地说："儿子的一本作业忘家里了，等着用。以前都是他爷爷奶奶给送过去，这几天两位老人旅游去了，所以只能我去送了。"

我听了之后，慎重地对她说："我建议你不要给他送去。"

同事不解，我接着解释说："你儿子已经多次忘记东西了，他已经形成了这个习惯。他有恃无恐，反正东西忘掉了爷爷奶奶会给送过去，这样，以后他做什么事情都会不细心。可以说，爷爷奶奶、爸爸妈妈的帮助，反而助长了他的恶习。所以，有的时候，父母的帮助反而容易让孩子"不劳而获"，这种做法当然是不对的。"

同事听完我的解释后，也同意了我的做法，准备回去好好给孩子上一堂课。

有人说"妈妈"这个词是世界上最神奇的"称呼"，妈妈是随时待命的，妈妈是全能的。慈母多败儿，孩子长大了没有出息，甚至犯了罪走上了不归路，与过于仁慈过度宠爱的家教是有很大关系的。父母总是什么都替孩子想好、准备好，孩子什么都不用想，什么都不用做，从小就不用承担责任。等以后进入社会，就会处处碰壁。不要轻易帮助孩子，不要让他

"不劳而获"。孩子自己动手才能积累经验，才能成长，心智才能发育得更好。

不轻易帮助孩子也符合自然教育的家教方法。自然教育是一位非常有思想的母亲斯特娜夫人提出的。有一次，斯特娜夫人带着女儿乘船旅行。在船上，她们看到了这样一家子：一对中年夫妇以及一个10岁左右的男孩儿，一个20岁左右瘸腿的女儿。这一家子每个人都背着一个旅行包，但是那个女儿的旅行包更大一些，因为瘸腿，走起路来显得很吃力。而中年夫妇在前面有说有笑，仿佛根本不知道女儿正在经历苦难。

斯特娜那一刻感觉这对父母太过分了，竟然让身体有疾病的女儿承担这么大的痛苦。这时，女儿对斯特娜说："妈妈，我们过去帮帮那位可怜的姐姐吧。"

斯特娜夫人当时已经准备冲上去了，但是当那一家人越来越近，斯特娜看到了那位女孩儿微笑自信的眼神，她突然明白了。

那个女孩儿根本不需要别人的帮忙，她认为她自己能做好。在船上她发现那个女孩儿不但能处理好自己的事，还照顾弟弟，整条船上最快乐的就是她了！

后来，当斯特娜和这位妈妈闲谈时，这位妈妈说："从她4岁患上小儿麻痹后，我们全家一直很痛苦，到12岁以前，我们一直什么都不让她做，却发现她什么都不能做了，而且极端的自怜。后来有人劝告我们'把她当作正常人来照顾，她才能过正常人的生活'。"我们这样做了，从那以后，她开始做力所能及的事情，再后来让她按一个姐姐的标准来要求自己。从此她改变了！

看着这位母亲饱含眼泪的双眼，斯特娜知道她对女儿的爱一点儿都不少。作为父母，如果什么都替孩子做了，却培养了一个个性懦弱的孩子，这才是最失败的事情，是人间悲剧。父母的帮助，只是满足了自己去爱的需求，却夺去了孩子的价值感和自信的权利！这是一件多么可怕的事情。

不轻易帮助孩子，首先是不要在生活起居方面替代孩子去做。告诉孩子，要想吃上可口的饭菜，要想穿上漂亮的衣服，要想有一个干净整洁的房间，是需要自己付出努力的。尽可能地让孩子做一些家务，择菜、洗衣服、收拾房间，这些都是孩子们可以做的。不要以孩子年龄小做不好为借口。我们这一辈人，都经历过苦难时期，我们很小就出来做事，父母想一想自己是什么时候开始做这些事情的，就会知道这些事孩子是完全能做到的，只要教他一遍，他完全可以做得更好。不要以孩子作业多没时间作为借口，做点家务也是学习，甚至比学习更为重要，更何况做家务根本耽误不了孩子多少学习时间。

不要轻易帮助孩子，还包括不要轻易帮助孩子解决困难。一家人在饭店吃饭，儿子和女儿为了争桌子上的小番茄而碰倒了饮料，果汁洒了一桌子，也洒到了儿子身上，女儿趁机便把小番茄抢走了。这时，父母的反应肯定是去收拾桌子，一边骂孩子一边收拾。其实，这个时候，父母真正应该做的就是，停下来，看看女儿、儿子的神情。他们在看着你，看着你收拾，他们认为一切正常，他们只关心自己是否得到了小番茄，根本不去想要收拾残局。孩子为什么会这样想，因为父母为自己收拾惯了。当我们习惯了帮助孩子做事情和解决困难的时候，孩子就会觉得理所当然，并不愿意为事情承担责任。事实上当孩子做错一件事时，也是培养孩子为事情负责的最好机会。所以父母不要轻易帮助孩子解决困难，收拾残局，而是要引导他去收拾，指导他去收拾。

## 6. 隔代教养的三大难题

我跟婆婆经常会在教育孩子方面产生分歧。最严重的恐怕是我为了锻炼儿子，经常让他帮我做些力所能及的事情，但是婆婆往往都会打断我。

"鼎鼎，帮妈妈拿一个碗过来。"儿子还未行动，婆婆就开口了："我来吧，我来吧！"

"鼎鼎，脱下的衣服要放进洗衣机。""奶奶帮你放！"

"鼎鼎，妈妈刚扫完的地，为什么地上都是水渍？""我来再擦一遍就好了。"

在家庭教育中，不同的妈妈可能有不同的表达方式，但是爷爷奶奶、姥姥姥爷这些长辈们对待孩子似乎完全是一个样。

尽管我们对老人十分尊敬，并且感激他们帮我们照顾孩子，也十分体谅他们对待孙子辈的喜爱和呵护。但是隔代教养存在的弊端必须引起我们的注意。夹在中间的我们，既希望能够减少教育路上的阻碍，按照正确的教育方式培养孩子，也希望长辈们不必太受挫。

以下总结了隔代教养的三大难题，各位家长们学习一下，好好去与长辈们沟通吧。

**难题一：长辈们总是低估孩子的能力。**

作为家里唯一的孙子，洋洋就像是家里的"小皇帝"。这些日子，洋洋开始上幼儿园了，奶奶非常不放心。每天放学时，奶奶总是早早在幼儿园门口等着接孙子，见到洋洋就接过书包，递上各种零食，然后背着洋洋回家。在奶奶的看护下，洋洋几乎没有自己背过书包、提过东西。

每次接送洋洋，奶奶总是不断地嘱咐老师："老师，我家洋洋太小，吃饭慢，喝水也慢，还不太会穿衣服，你多照顾他一点儿。"

听到奶奶总是这样说，洋洋真有些难为情。

奶奶对洋洋的呵护显然是低估了孩子的能力。凡事都不让孩子参与，看似是在减轻孩子负担，实则会给孩子造成一种被排斥的感觉。长此以往，孩子会产生挫折感，认为是自己能力不行，所以没有资格参与，今后遇事容易变得畏首畏尾。

孩子每遇到一个问题，都可能有相对应的原因。比如孩子刚进入幼儿园，有很多方面需要适应，如果认定是能力问题而过度保护，反而可能延长孩子的适应期。

能力是通过锻炼不断得到提高的，如果我们不给孩子机会，那么孩子的能力可能永远得不到提高。不要低估你的孩子，他们的能力无限，只要家长给他们机会。

**难题二：长辈们总是怕麻烦。**

周六的上午，妈妈希望然然把自己的袜子洗一洗。

但是，第一次洗袜子的然然问题频出。首先是洗衣液遭了殃，一不小心，然然就将半瓶洗衣液都倒进了盆里，泡沫太多根本没法洗。奶奶只好又重新给然然换了一盆水。

不一会儿，新问题又出现了，然然在搓袜子的时候，动作幅度太大，弄得满地都是水。奶奶终于忍不住了："你妈非让你洗袜子，看你把卫生间弄得，还是我来洗吧。"

奶奶一把端起盆子，开始自己洗了起来。然然看着奶奶熟练的动作，又看看自己手上的泡沫，抿了抿嘴，低着头走出了卫生间。

奶奶觉得自己亲自动手会提高效率，然然做事只会添乱，等孩子大了再让他自己做这些事也不迟。殊不知，鼓励孩子坚持完成整个过程，对于他的自信心提升比洗干净衣服来得更为重要。怕烦型的长辈们往往扼杀了孩子勇于尝试的勇气，把美好的第一次变成了失败经历的开端。

那么当孩子"摔了跟头"时，我们仅仅是"扶他起来，拍拍尘土"够不够呢？不够。启发孩子"有没有更好的解决办法"，然后将情景再现，和孩子演示一遍成功的方法，那样才能帮孩子更好地度过那道坎儿。

当然然洗衣服像打仗一样时，我们应尽量耐心地向他传授洗衣要点，并鼓励然然自己多动脑筋完成任务。最后，别忘记将功劳归为然然的勇于尝试和不怕困难。这样才能鼓励他继续做这样的事情。

**难题三：长辈们总是很厉害：你这样不行的，看我给你做。**

"爷爷，老师让我们自己做这个模型！"丁丁终于爆发了，大声说道。他不满意爷爷插手自己的事情。

无论是做手工，还是背古诗，一旦自己陷入僵局或是稍有停顿，爷爷总会说："这么简单都不会，我像你这么大的时候，都能自己做弹弓了！""哎呀，你怎么又忘了啦。你爸爸在你这个年纪，古诗都能背20多首呢！"

而爷爷处理事情的方法更是千百年不变："你这样不行的，看我给你做。"

果然爷爷一出手，没有完不成的模型，没有解决不了的问题。丁丁只能傻呆呆地站在一旁。

也许我们只是想给孩子树立学习榜样，不断督促孩子进步，但是太厉害的长辈也可能会让孩子感到恐惧和自卑，过于强大的成人榜样，只能让他觉得高不可攀，愈发产生挫败感。

家长要成为孩子成长的陪伴者，而不能将孩子作为证明自己能力的附属品。当孩子们遇到困难时，家长要做的是安慰他沮丧、焦躁的情绪。

"爷爷小时候也像你一样，不过后来啊，爷爷终于想出了办法……"和孩子分享一些自己成长的故事，反而更加有利于增强孩子的信心，激发他内在成长的力量。"哦，原来小孩子都会遇到困难，那我长大了也可以像爷爷一样厉害！"

孩子遇到困难时，请给孩子自己解决问题的机会，这样孩子收获的不仅是自己解决问题后的成功喜悦，更能学习解决问题的方法。

第九章

# 妈妈的努力
# 更重要

孩子能健康成长是妈妈一生的心愿，而妈妈送给孩子最好的礼物便是引导其健康成长。妈妈作为孩子的引导者，任重而道远。

　　好妈妈胜过好老师，好妈妈一定要扮演好自己的角色，这样才能给孩子最好的引导。但是很多妈妈都会感叹，做一个好妈妈太难了。知道了一种方法，可能却错过了另外一种方法；明确了一种技巧，可能忽略了另外一种技巧。生气又着急的妈妈呀，你的努力应该用在什么地方呢？

## 1. 不比较、不着急、不放弃

几乎所有的妈妈都会认为自己的孩子是最棒的，当看到自己的孩子不如别的孩子时，心里的难受劲儿就别提了。在鼎鼎上幼儿园之前，这种感受我尤为深刻。

鼎鼎与同龄人比起来，似乎各方面发展都比较慢。他将近一周岁零两个月才能完全独立行走，而别的孩子一周岁甚至10个月就会走了；鼎鼎不吃奶粉，不喝牛奶，两周半时才22斤，而别的孩子奶粉一罐罐地喝，小身体壮壮的；鼎鼎说话晚，也说不太清楚，而比他小一个月的妹妹，伶牙俐齿的，什么都会表达；鼎鼎对学习类的动画片、图画书一点兴趣都没有，别的小朋友像他这么大的时候都能看懂喜欢看的动画片了。看着鼎鼎，我总感觉他不仅身体发育比别人晚，可能心理上都不如别的孩子。将近一年半的时间里，我心里一直是非常低落和沮丧的。

后来，我带着鼎鼎参加了一个早教班。我才知道自己错得有多离谱。

首先，我学会了不去比较。在早教班，每个孩子都是独立而特别的存在。只要孩子的身体发育标准、智力发育标准在正常范围之内就可以了，妈妈大可不必为一两天、一两斤、一两口甚至一两个月的差距而自寻烦恼。爱比较的妈妈，认为自己的孩子比较差的心态肯定会传染给孩子：

"你看大哥哥多棒，一顿饭能吃一大碗米饭。"

"你看姐姐多乖，多有礼貌。"

"你看妹妹都比你懂事。"

"看看这个，小朋友们都喜欢。"

孩子经常听这样的话，会产生不如别的孩子的想法。有的孩子会表现得自卑，而有的孩子则会表现出抗拒，比如他会"沿着自己的方式"继续走下去，甚至以哭闹、打人、咬人、骂人的方式来对抗妈妈的话。

比较就像是激怒孩子情绪的石子，越比较，越激怒。所有的比较都源于妈妈心理上的一种"着急"，而着急过后，通常是放弃。妈妈这样一连串的反应通常发生在孩子3~6岁的艺术启蒙期。

楚楚和同一栋楼的小朋友同岁，一起在一个舞蹈班学习芭蕾。每当到芭蕾学校的参观日或是汇报演出时，楚楚的妈妈心里都很不是滋味。如果说楚楚的朋友是白天鹅，那么楚楚就像一只丑小鸭。别人虽然嘴上夸她漂亮，舞跳得好，但是楚楚妈妈知道自己女儿的水平。楚楚不如她的朋友这件事让楚楚妈妈耿耿于怀。后来，楚楚妈妈实在无法忍受这种情况，便不让楚楚学芭蕾了。楚楚妈妈犯了特别大的错误。

在艺术教育中，没有比妈妈更重要的人。很多妈妈周末把孩子送到艺术班后就去逛街了，或是寻着僻静的地方待着了，孩子一周都学了什么，学到何种程度或是是否真正受到了艺术熏陶和启蒙，妈妈们根本不关心，而到了汇报演出或是比赛时才关注孩子的学习结果，这样是非常不正确的。

在早教班中，"妈妈"的角色非常重要。孩子们在上课的时候，妈妈可以经常在练习室陪着，老师不仅教孩子，也教妈妈。孩子的年纪小，妈妈要充当替补教师的角色。早教班一周才上两次课，剩下的时间都是在家里练习。妈妈的辅导对于孩子的重要性不亚于老师。所以，早教的理念就是，如果你期望孩子做到的，你首先要做到。

如果你想要孩子获得一种新的技能或是养成一个新的习惯，妈妈们要想象着自己站在一个新的起跑线上，也就是说要和孩子们一起成长。父母的态度转变了，孩子的态度才会转变，因此妈妈的努力更为重要。

跟着自己的孩子去上课也许比较困难，但是妈妈可以稍微自学一下，用心做好笔记，这样孩子放学回到家就可以和妈妈一起回顾老师课上的重点内容。每天陪着孩子不间断地练习，在家里，妈妈就是孩子的老师。

孩子们一起站在舞台上，实力的差距可能一眼就可以看出来，有比自己的孩子强的，做妈妈的心里会难受，这都是再正常不过的。但是我们应该学会心平气和。

"我对孩子的要求算是宽松的，孩子的发育进度慢，后来的孩子比他好，让我也很着急，而老师说，孩子们虽然都会成长，但是每个孩子成长的时期都是不一样的。我家孩子慢一点儿也没有关系，只要不放弃，我就很满意了！"早教班上一位妈妈对我这样说。

其实每个妈妈的想法都是一样的，但是为了不拿自己的孩子和别的孩子相比较，妈妈应该付出努力。这样，我们将来才不会有太多的遗憾。如果楚楚跳芭蕾跳得不如邻居家的孩子而让楚楚妈妈心情烦躁时，能够有人跟她说"每个孩子成长的时期都是不同的，我们虽然不知道孩子在什么时候成长，但是那一天一定会到来的"这样的一番道理，楚楚妈妈一定不会让楚楚放弃学芭蕾。如果她能够信任孩子，给孩子充足的时间，让楚楚能够按照自己的方式成长，说不定会有很好的结果。不相信孩子的成长，是最大的遗憾。

和别人的孩子比较，就会着急，而心急常常会让事情变得糟糕。妈妈要努力做到不比较孩子的水平，不着急、不抛弃。树木发芽的时间都不尽相同，开花的时期也相异，花开的颜色和香气也是各有千秋。要学会接受自己孩子和别的孩子的不同之处，怀着好奇的心态等着孩子，看他何时发芽，开出什么样的花。尽管所有的一切都是未知的，但是因为是自然的法则，不管是什么时候，该来的一定都会来。

# 2. 别让孩子伤在听话上

以往参加"妈妈会"后，冉冉妈妈都很骄傲，别的妈妈都会羡慕自己有个乖女儿，省心懂事。可是这次回来看着乖乖坐在一旁的冉冉，她却有些担心。因为这次，"妈妈会"来了一位幼教专家，这位专家说孩子在3岁时会经历人生第一个叛逆期，逆反、调皮好动都是正常的，相反如果太乖反而应该注意。冉冉妈妈本来没有把专家的话放在心上，可是，今天幼儿园老师又对自己说"冉冉在学校很乖，听老师的话，就是没有什么主见，做事很被动，而且不爱和别的小朋友一起玩"。冉冉妈妈有些糊涂了，难道孩子乖巧不是好事吗？我们的教育不是让孩子变得听话吗？

冉冉妈妈要注意了，小孩子听话不是问题，乖到没有主见就要小心了。我们的教育不是要让孩子变得听话，而是要独立、懂事。如果一个孩子非常乖巧，喜欢配合别人，但当他在独立做一件事情时，仍会有自己的主见，那么这样的"乖"便不是问题。如果不是这样，孩子在做事时表现得唯唯诺诺，过于害羞，不敢尝试，才是问题。

关于这个问题，德国心理学家做过一项调查，对象为2～5岁具有强烈逆反倾向和没有逆反倾向的孩子各100名。具有逆反倾向的100名儿童中，有84%的人意志坚强，有主见，有独立分析、判断事物和做出决定的能力。而没有这种倾向的100名儿童中仅有26%的人意志坚强，其余的人遇事不能做决定，不能独立承担责任。结果表明，第一反叛期的反抗行为意味着孩子有独立自主的想法，这正是锻炼孩子主观能动性，培养他创造力和判断力的良好时机。如果一味要求孩子乖巧听话，总是让孩子生活在家长的指挥下，就会让孩子养成凡事听别人安排的习惯，会使孩子失去自主做事的主动性，孩子长大后也会变得循规蹈矩、亦步亦趋。

孩子太乖首先是表达能力不足的表现。幼儿园阶段的孩子，都应该有着初生牛犊不怕虎的勇气。不乖没有错，他们敢于自我表达，敢于自我尝试，但是太乖的孩子羞于表达，不敢表现，这将会影响他说话能力、做事能力以及创造能力的发展。

那么孩子为什么会太乖呢？

**第一，家庭教育对"乖"的强化所致。**

有的孩子乖巧是天生的，比如女孩儿就会比男孩儿乖巧一些，而有的孩子乖是后天教育出来的。如果孩子过于乖，甚至到了没有主见的地步，那么家长就应该反思是不是自己的教育理念给孩子带来了不良影响。比如，当孩子表现很乖巧时，妈妈就大声赞扬"宝宝真乖""宝宝好乖"，并对孩子的"乖"进行各种过度的奖励："好乖，妈妈给你糖吃""真乖，妈妈给你买玩具，带你去游乐场"。这样就强化了"乖"的概念，让孩子从乖变成了配合、顺从，最终放弃选择，失去主见。

**第二，父母性格影响。**

强势的父母也会造成孩子过于"乖"。强势的父母喜欢主导一切、指挥一切，习惯为孩子做决定、做选择，让孩子配合他、跟上他的脚步。长期这样，孩子就会变得人云亦云、亦步亦趋。

强势的父母可能造就顺从型孩子，同样，性格过于顺从的父母带出来的孩子也可能是顺从型。

安安静静、不吵不闹的小孩儿，可能让你觉得很省心省事，省去很多麻烦事，正因为这样，你可能在不经意间就忽视了孩子。当孩子从安静变成了孤僻，从乖巧变成了顺从，从懂事变成了畏缩，木已成舟，那时再后悔就晚了。那么，"太听话"的孩子父母该如何引导呢？

**第一，多关心孩子，多与孩子进行沟通。**

父母一定要增加与孩子的互动，时时刻刻提醒自己，要多关心照顾孩子，引导孩子变得活泼、乐观起来。不要拿很忙当作借口。即使你很忙，你也可以与孩子沟通。比如在做家务时，让孩子参与进来，你可以和孩子一起择菜，可以让孩子帮忙拿个碗，可以让孩子倒杯水。

"土豆皮要削去，尤其是有黑色斑点的地方，已经坏了，吃了会坏肚子。削完后，黄黄的，就完成了。"

"帮我拿一个碗，左边的柜子里面，圆形的，有蓝色花纹的，有两个宝宝的碗那么大。"

"帮我倒杯水，用妈妈的杯子。"

诸如此类的话，既是在锻炼孩子的动手能力，也能在互动中让孩子学到数字、颜色、方向等各种知识，更主要的是家长可以借着孩子认识世界的同时，建立亲子间紧密的联系，培养孩子的信赖感，因此这种互动就是一种最好的沟通方式。孩子在这种互动中学会合作，也感受到父母的关心，就不会将自己关在自己的小世界中。

同时，父母应该让孩子多和小朋友交往，鼓励孩子参加各种活动，培养孩子广泛的兴趣和爱好。

**第二，多询问孩子意见，少否定。**

这是性格强势的父母应该注意的。如果家长想让孩子变得有主见、有责任感，就应该学会放手，应该让他自由成长。对于太乖、习惯顺从的孩子，在做事情时要多询问孩子的意见，少去指挥孩子，少去否定孩子。

玩积木时，不要干涉孩子的搭法，不要逼着孩子按照说明上的图形去搭，要让孩子自由地去做。

"你想要做一个什么呢？"

"红色的放在哪里？"

"我可以做你的助手吗？"

对于过于顺从的孩子，我们要做的就是注意培养他的能动性和创造性。显然，这样的话语有这样的魔力。

## 3. 别让教育破坏孩子的注意力

乐乐正在搭积木，玩得正起劲的时候，妈妈在厨房喊："乐乐，我们马上就要吃饭了，快点洗手！"乐乐嘴里答应着，却在继续搭着积木。

过了两分钟，妈妈见乐乐没有动静，又继续催促乐乐去洗手吃饭。

乐乐一点儿也不愿意去洗手，他的城堡马上就要搭建好了。

将饭菜摆放好的妈妈，终于忍不住冲了过去，一把抓住乐乐的胳膊，强拉乐乐去卫生间。乐乐奋力反抗，竭力想挣脱。在两人拉扯之中，乐乐的城堡"轰"的一声，倒塌了。乐乐见状，大哭起来，自然这一顿饭，一家人吃得很不开心。

一般来说，越是年龄小，注意力以及自制力越差，但是在玩这件事情上，孩子们却有着惊人的注意力。他们可以反反复复地看同一本童话书，让妈妈不断地讲同一个故事；他们可以长时间甚至一整天都玩同样一个游戏，乐此不疲；他们可以几个月都对一桶积木痴迷。

很多家长并不理解孩子的这种注意力，肆意破坏着孩子的注意力，就如同乐乐的妈妈一样。他们以吃饭为名，以休息为名，以爱为名，毫不客气地打断孩子正在进行的事情。家长们这样做，相当于剥夺孩子成功做事的快乐感，扼杀孩子的兴趣爱好，甚至会使孩子养成有始无终的习惯，导致孩子的注意力更加不容易集中。

别让教育破坏孩子的注意力，主动让孩子对自己的事情拥有一定的"掌控权"，尊重孩子的自由，不仅会帮助孩子养成有始有终的做事习惯，随着年龄的增加，孩子还会主动寻求自主权，变得更加独立。

当然，很多家长会不解，难道我们就任由孩子想干什么就干什么？当然不是，家长们不能肆意粗暴干涉，但是在保护孩子热情、不破坏孩子兴致的前提下可以巧妙引导。

我在做饭之前对正在玩积木的鼎鼎说，妈妈做饭大概需要半个小时。

鼎鼎马上就会听懂我们之间的"暗语"，"半个小时就够了，我搭城堡的速度可是非常快的。"

就这样，鼎鼎和我就会分别忙乎着自己的"事业"，我可不会去打扰他。

我做完饭后，在上菜之前，会去看一眼他，并不开口，只是专心地看着他的杰作。等他发觉我时，他会说："妈妈，你看，这个是停车场，这个是动物园。""真不错，比昨天的更好了，你这个建筑师还挺厉害的嘛！建筑师辛苦了，也该吃饭了，等吃完饭我们继续欣赏你的杰作。"我说完就会去盛饭，而鼎鼎已经去洗手了。

对于游戏或者学习，除非是鼎鼎明确提出要我帮助，要我配合，否则我是很少去打扰他的。

当我看着他摆弄着自己的"玩意儿"时，他眼中的世界肯定无比精彩，他的大脑一定在飞速地运转，他的每一个细胞肯定都在激烈地活跃着。我始终相信，孩子独立专注地思虑一分钟，胜过我们几小时的教导灌输。

作为父母，我们不仅不能让教育破坏了孩子的注意力，更应该尽力为孩子创造出专注的环境。

基本上，中国的父母老早就为孩子准备了儿童房，但是大多都没有用到。孩子6岁之前，为了方便照顾他，父母会一直让他们和自己睡。现在是时候分床睡了，该把孩子独立出去了。分房睡，不仅是孩子独立性的要求，更重要的是为了给孩子营造一个相对专注、安静的环境。孩子的学习、生活起居都在自己的房间里，形成适合自己的作息规律。什么时候睡觉、什么时候学习、学习用品放在哪里、生活用品放在哪里，不会被打扰，不会被干涉，不会受到影响，和父母之间也少了琐碎的矛盾摩擦。

给孩子的独立房间，在布置上还应注意一些细节。

首先在房间的选择上，不应该过大，过大的房间不容易让孩子集中注意力。一般的次卧足以。让孩子在书房学习也并不适宜。书房是公共场所，大人的使用率比孩子要多得多，而且容易有电脑、电视等影音设备，这些都会分散孩子的注意力。

其次，在房间的布置上也要注意减少对孩子的视觉刺激。父母应该尽可能减少孩子活动场所中的明亮色彩和图像，避免混乱的局面，这样孩子的情绪也会比较平和。在学习方面也是如此，几乎所有有学习障碍的孩子都能从整洁有序的环境中受益，有序的环境能够引导孩子更好地形成规矩意识和习惯。

如果你觉得自己以前精心布置的儿童房终于有了用途，不管是海盗船主题还是hello kitty主题，尽管童趣十足，但你也要舍弃，最好为孩子重新做一遍装修。一张1.5米的床，一个衣柜，一个书桌书柜一体柜，清新自然的白木、黄木色最宜，家纺装饰不要过于童趣化，灯光要明亮柔和。在房间使用上，还要尊重孩子的意见。

这是为孩子排除视觉上的干扰，还要排除声音上的干扰。孩子日后上小学了，这点会非常重要。

我一个当老师的朋友曾经因为家庭作业问题到学生家家访。这个学生在学校表现非常好，上课也非常认真，随堂测验也都令老师满意，但是家庭作业却总是写得非常糟糕，字迹潦草，错误也非常多。我朋友与这个孩子的父母沟通了几次都没有找到原因。我朋友就到他家家访，连续去了3天，亲自辅导孩子写作业，很快找到了原因。

原来，这个家庭家庭成员非常多，家里爸爸妈妈爷爷奶奶，还有一个两岁的小弟弟。孩子在做作业时，家里非常乱，小弟弟在奔跑淘气，奶奶跟在后面追，妈妈里里外外地做家务，爸爸和爷爷在看电视。在这样的环境下，孩子根本无法安下心来写作业。

孩子在学校能够安下心来学习，是因为学校的学习氛围浓厚，不管是学校的设施，还是老师的帮助、同学的竞争，都是有利于孩子学习的条件。在家，父母也应该给孩子创造出有利于学习的条件。孩子在学习，你们在吵；孩子在学习，你们在玩，这样都是不行的。

我的朋友告诉这个孩子的父母，一定要给孩子一个安静的学习环境，这样他才能专心学习，完成作业，做好预习。给孩子一个独立的空间，为孩子提供一小时写作业的时间，安排好家庭成员的活动，爸爸可以带孩子出去玩，爷爷奶奶可以下楼散散步，妈妈做家务时也要注意控制声音。实在无法安排时，不妨给孩子找一个学习伙伴，让他到同学家去做功课。有这种情况的父母不妨照这样改变一下，你的小小举动可能会影响孩子的一生。

## 4. 合理化认同，积极的想法带来积极的行为

对于幼儿园阶段的孩子，我们常常抱着一种固有的成见：调皮、任性、爱惹事、爱哭闹，孩子要做什么事情，我们的第一反应总是很消极：

他又要去乱动遥控器。

他肯定是要去招惹小狗。

他肯定会把碗打破的。

为什么总是要惹我生气。

他为什么不能安静地待上一会儿呢？

我带着他肯定没办法外出。

今天的计划又被他打乱了。

往往事情真的就像我们预想的那样，他果然犯错了。这时我们心里会哀叹：看，我就知道会这样。

其实，有的时候完全是因为我们自己的消极想法强化了孩子的不良行为，甚至是因为我们的消极想法导致了最终出现不好的结局。

我记得鼎鼎爱打人那个阶段，为了防止鼎鼎出现大型"事故"，我看管鼎鼎比较严，尽量不让他和别的小朋友独处。一旦发现他有扬手或是身体前倾的举动，我会马上冲过去阻止他。

每当这时，我这么突兀地冲进去，他一开始是非常惊讶的，当然我有好多次错怪了鼎鼎。但是我依然小心翼翼地对他实施监控。后来我再冲过去时，他似乎明白了我的意图，眼睛里不再是困惑而是愤怒。等我转身离开时，鼎鼎狠狠地实施了报复行动。

我发觉即便是年龄再小的孩子也有着强烈的自尊，我对他的消极想法

完全将他引入错误的行径。

很多时候，如果我们换一个想法，变消极为积极，孩子更愿意配合。这就是幼儿园阶段的孩子超级喜爱得到奖励的原因。不同的想法会带来不同的后果。对孩子的行为进行积极的解读，一定程度上合理化认同他们的想法，会让孩子安静下来，即使对正在气头上的孩子也能起到安抚和引导作用。

比如孩子购物时发脾气，或许孩子只是对那些摆在货架上的商品感到好奇，合理化认同孩子就是在告诉孩子，妈妈明白你的感受，妈妈想要帮助你。这样，很容易就会让孩子安静下来，不会进一步激化矛盾。

那么，如何做到合理化认同呢？

**第一，家长一定要控制自己对孩子的固有成见和消极想法。**

家长们经常表现得自以为是，不仅听不进别人的意见，更认为自己从小就照顾孩子，对孩子有足够的了解，甚至宣称自己对孩子的每一个表情都了如指掌。但是，当你注意到你对孩子的想法很消极时，就要做好出错的准备。事实上，除非你主动去问孩子，去与他沟通，不然你的解读有相当大的错误概率。

为了避免这样的情况出现，家长们还是要控制一下自己想当然的消极想法，一定要与孩子沟通交流，这样才能探知到孩子的真实意图。

**第二，寻找孩子积极的动机，合理化认同孩子。**

对于大一点儿的孩子，想要了解他们行为背后的动机，可以采用直接提问的方式，直接询问"你准备做什么""你为什么生气"。

有的家长可能会疑惑，这个问题有什么稀奇的，但是就是这句简单的问话能传达出很多种含义。不同的语气也有不同的作用，语气温柔则让孩子感受到家长的关注；语气坚定而急切可以制止不当行为；语气平静好奇则只是让孩子看到家长在困惑中等待孩子解答。

一开始孩子可能并不愿意回答你的问题，但是多问几次就会得到答案。得到孩子的答案后，如果孩子表达的是比较良好的动机，那么事情就好办了；如果孩子表达的动机并不太美好，那么家长要赋予一些积极的色彩。比如孩子说："我不想和弟弟玩。"那么，你可以说："哦，原来是你想自己单独待一会儿。"

对于年龄比较小的孩子，他们可能无法准确表达出自己的动机，这就要对其进行积极假设。不管你认为他的行为多么荒诞可笑，都要对他的行为进行积极的假设。比如，他想和别人一起玩，他想保护自己的玩具，他想要更安全、更舒服、更有趣。

**第三，一定要鼓励孩子按照积极动机尝试积极行为。**

我们找到孩子不好行为背后的动机，这并不是结局，还要努力引导孩子以积极的方式去实现自己的意图。这相当于为孩子提供成熟的解决办法。

可可和爸爸在小区的运动场上玩耍。玩着玩着，可可捡起一根树枝，开始不停地击打各种健身器材。周围的人都吓了一大跳，可可爸爸也是。不过，他马上镇定下来，有些严肃地问儿子："你在做什么？"

"我在奏乐。"

"其实，你还可以这样做，用小一点的树枝，你可以更投入，声音更多更美妙。"在爸爸的带领下，可可的演奏终于不再影响到别人的运动。

大人们会因为孩子不配合而生气，而孩子则认为我们不理解他而愈加叛逆，到最后我们发现原来孩子们和我们纠结的完全是两码事。家长们总是想要纠正行为，而孩子们在乎的却是动机，如果我们通过了解孩子的动机来纠正孩子的行为，孩子就更容易接受。

## 5. 正确对待老师的严厉

"我女儿4岁，在幼儿园上中班。有一次中午我去接她，正好赶上他们吃午饭，我听见老师很凶地批评一个孩子'你每次吃得最少还最后一个吃完，这么多小朋友等你一个，你能不能快点'。我心里很难受，不知道我的女儿是不是也会被老师这样教训，老师对孩子这样是不是太严厉了？如果我女儿被凶了，我肯定会找老师理论去。"

一旦孩子离开了自己的怀抱，上了幼儿园，类似的事情对家长来说就像一颗定时炸弹，唯恐哪天就炸在自己孩子身上。那些经常曝光的幼儿园责罚打骂甚至虐待孩子的新闻更是让家长胆战心惊。

"每天去幼儿园的时候，看到鼎鼎高高兴兴地走进去；每当幼儿园放学的时候，看到鼎鼎快快乐乐地走出来，我就感谢老天又给了孩子美好的一天。"

我想这也是所有家长的心声，原因很简单，我们都不希望老师的一言一行给孩子幼小的心灵留下伤害，影响孩子健康快乐成长。

我们应该相信，大多数幼儿园教师真的就像妈妈一样，给予孩子最大的关心和教育。我们同样要理解幼儿园老师这个职业，想一想我们面对家中一个小宝宝还经常有发脾气的时候，何况老师面对二十几个孩子，老师也是常人，偶尔有心急语气急或是脾气急的时候，偶尔可能稍微严厉了一些，家长们不应该心存怨怼。其实，教育尤其是幼儿园教育稍微有一点严厉未必不好。在家中，孩子都是含在嘴里怕化了，在幼儿园仍哄着抱着，也不利于孩子的健康成长。

要允许老师在一定程度上使用严厉的教育手段，但是必须以不伤害孩子人身安全、不伤害孩子的自尊心为前提，使用严厉手段后还要及时进行安抚教育，不能给孩子留下心理阴影。

当然，尽管大多数老师是有着一定的专业素养的，但是有些老师可能的确对待孩子有些过分。而有些家长往往敢怒不敢言，最大的顾虑就是如果直接向老师提出来，老师可能会觉得没面子，甚至无法接受，最后可能会采取一些对孩子的报复行为，比如不搭理孩子。

我在鼎鼎班上的家长群中还算有一定的影响力，经常会协助家长们处理一些类似的事情。在我看来，如果发生事情，第一时间跟老师进行正面沟通非常重要。我所说的正面沟通不是指责、抱怨、发泄，而是有效沟通。其实很多问题都是可以通过有效沟通来解决的，最重要的一点是家长要坦诚，这样老师才会更真诚。

鼎鼎上中班的时候，幼儿园组织了一次秋游，幼儿园要求所有的小朋友都参加，而家长可以自愿参加。我认为鼎鼎应该独立去锻炼一下自己，就跟老师说自己不去了。可是过了几天，我感觉出老师有几分为难，并且对我有几分不满。

那天，我特意等到所有家长都接完孩子了，坦诚地对鼎鼎老师说："小李老师，你是不是遇到什么烦心事了？有什么我可以帮忙的吗？"

老师在我的鼓励下，也真诚地说出了原因：报名参加的家长太少了。全班25个孩子，如果家长都不去，仅靠3个老师看护，工作量是非常大的。因此，老师们希望家长委员会的一些家长可以自觉陪同。

明白了事情的原委，我如释重负，我向老师讲出了自己当初的想法，并且提出如果需要的话，我仍可以报名参加。我甚至还为老师们想出了一个好办法，就是家长当志愿者，在秋游过程中到别的班级去志愿服务，这样既能分担老师的压力，也能达到锻炼孩子独立性的目的。

最终，老师采纳了我的意见，在我的宣传帮助下，有好几个家长都志愿加入其中。最重要的是我和老师的关系更为亲近了。我用我的坦诚赢得了老师的真诚对待。

我自己也当过一段时间的老师，深知一些老师最希望得到社会的认可和家长的尊重。幼儿园老师其实是非常辛苦的，工作节奏和压力或许只有业内人士才能感同身受。作为家长要换位思考，理解和包容老师。我不止一次听不同的老师说过，他们最大的心愿就是希望家长给予更多的支持和配合，比如平时协助督促孩子养成良好的习惯，参加学校组织的家长会等。

面对严厉的老师，要注意沟通技巧，以免产生更大的误会。同样一件事情，不同的表达方式和言辞带来的效果是完全不同的。大多数时候，我们都可以采用比较委婉的方式跟老师沟通，很多问题点到为止即可。如果遇到一些棘手问题，希望老师提供一些建设性的办法，一定要用请教的口吻和老师交流，一般情况下，老师都不会拒绝帮助你。

值得注意的一点是，一定要与当事老师正面进行沟通，而不能在背后跟孩子或是跟别的家长、别的老师说当事老师坏话。

如果正面沟通后发现老师问题还是很大，可能影响孩子的身心成长，家长可以通过以下方式来处理：

找到幼儿园领导反映情况，希望得到领导的关注。

提出调换班级的要求，给孩子换一个新环境。

给孩子重新选择一个幼儿园。

但是，无论我们采取什么措施，都要做到把对孩子的伤害尽量降到最低。

## 6. 家园共育——是配合而不是挑刺挑衅

很多父母并不知道如何正确地和老师进行沟通，如何配合学校的工作。

你是否有学校老师的电话号码；

你是否按时参加孩子的家长会并积极发言；

你是否相信老师的专业能力；

你是否打断过老师说话，甚至与老师发生冲突；

你是否接纳老师的做法；

你是否向老师主动提供孩子在家的情况；

你是否感谢过老师对孩子的帮助和教育。

如果你的答案出现3个以上的"否"，说明你与老师的沟通出现了问题。学校教育不可能不涉及家庭教育，家庭教育也不可能不涉及学校教育。因此，在教育中，父母和老师的沟通是无法回避的。没有家庭和学校的配合，家庭教育和学校教育都可能陷入困境。父母和老师的沟通和密切配合，是孩子健康发展的基础。尤其是在孩子刚入园时，父母更应该注重与老师的沟通。

小范老师班上来了一个新小朋友，可是这位新同学的妈妈却着实令小范老师头疼。

孩子刚来两天，这位家长就找园长反映情况去了："小范老师刚毕业，能教好孩子吗？她会钢琴吗？她会照顾好孩子吗？要不给我们调换到别的班吧！"

"幼儿园的菜为什么总是那几样？孩子们的餐具该换一下了吧！"

"这个寝室是不是太小了，为什么不换大一点的寝室？"

这位妈妈每天接送孩子时必定到园长室一游，给园长提各种"建议"，诉说各种不满。

一开始，不管是小范老师还是园长都尽力安抚这位妈妈，耐心跟这位妈妈解释：

"小范老师是专业幼师毕业，素质非常棒，又有爱心。"

"幼儿园的食谱在兼顾营养的基础上都是定期更新的。"

"大一点的寝室都是在阴面，这间阳面寝室虽然小了一点，但是在冬天比较暖和。"

但是园长和小范老师的耐心并没有换来这位妈妈的理解，她不断地挑刺，甚至挑衅。她私下里联系了很多家长共建了一个群，在这个群中经常说一些偏激的话，一些家长也经常受到她的影响，让幼儿园的工作十分难做。

不同于小学或是初中高中阶段的家校合作，幼儿园阶段的家校合作更为频繁，也更为复杂一些。因为幼儿园承担的责任是照顾和教育，面对的又是小孩子，家长们对于学校的态度是极其复杂的。他们害怕孩子得不到最好的照顾，于是总是带着挑剔的眼光看待幼儿园的工作。

经常以挑剔的心态对待幼儿园，一方面会导致幼儿园与家长产生误会，耽误对孩子的教育；另一方面，父母的态度会深深影响着孩子对幼儿园的态度。家长心中都是对幼儿园的不满，孩子怎么可能高高兴兴去幼儿园，孩子怎么可能乐于接受老师的教诲呢？

家长对孩子的关心之切，幼儿园都十分理解，而家长们也应该对每天要照顾二三十个孩子的老师给予理解，对幼儿园的教育给予信心和支持，更要对孩子的成长放平心态，只有以这样的态度，才能真正达到家园共育。

为了孩子的教育，为了孩子的未来，家长必须端正对家校合作的态度，积极参与到家校合作中来。

**第一，转变观念，你的意见非常重要。**

很多家长在家校合作观念上存在误区。他们认为家校沟通的主要目的是让自己配合学校的工作。在这种观念下，家校沟通不是双向交流，而是单向告知。家长很少提出意见，只管按照规定执行即可。家长能够参与的活动有限，因此积极性不高。

家长要端正对家校合作的认识，对学校的每项工作都要进行实质性的思考，尽力去做好，并形成反馈意见。比如，很多学校在四月读书月活动中，要求家长监督孩子看书。对于这类活动，家长不能一听而过，而是要马上行动起来，与孩子一起选择书，制订阅读计划并交流心得等。

**第二，多主动与老师联系。**

有一位老师每到周二就会接到一名家长的电话，电话有时很简短，只是报告孩子这周情况，有时很长，那是因为他发现了孩子的某些问题，需要老师的帮助。这位老师并不厌烦，竭尽所能提出意见和建议，并且为了下周和这位家长交流，无形之中，老师总是要格外关注这个孩子。由此可见，家长主动与老师联系是多么重要。

如果孩子表现不错，家长可以减少与老师的联系频率，但是每月至少一次，不管是电话还是当面交流，都可以；如果孩子问题比较多，比较突出，家长就要增加频率了。

需要注意的是，老师的时间也很宝贵，因此家长的电话应该是有实质性内容的，经过深思熟虑的，并且有自己意见的，不能完全指望老师出谋划策。

**第三，重视家校合作的各种形式。**

家长除了要积极参加学校组织的各种活动，如家访、家长会、运动会、联谊会等家校合作活动外，还要勇敢发言。你的积极参与和勇敢发言不仅会让孩子感到骄傲，能够为孩子树立榜样，更会促进孩子继续努力奋进。

另外，家长也可以向老师或学校建议一些活动，如春游、夏令营、参观展览等，家长可以参与组织活动。有工作便利条件的家长也要关注这方面的活动，如交通员和消防员家长可以建议老师带孩子们参观基地，医生护士家长可以帮助组织孩子进行卫生知识宣传，公务员家长可以组织孩子们参加社区工作等。

第十章

# 即将面临的问题：
# 幼小衔接

6岁是幼小衔接最关键的一年，既是对幼儿阶段的总结，又开启后面的小学时代。不仅仅是老师要认清这一点，父母也要认识到这一年的重要性。把孩子送进学前班并不意味着早期家庭教育的结束，父母不能放松，更不能撒手不管。

　　这一年，一定要让孩子做到与父母"分离"，让孩子去适应小学新环境，完成从幼儿到学生的角色转换。这一年，父母要和老师做好配合工作，根据孩子的生理和心理特点对其进行教育，当好孩子的家庭辅导员。

# 1. 6岁：幼小衔接最关键的一年

我的弟妹在一家幼儿园当老师，这一年，弟妹被安排管理学前班。弟妹心中暗暗叫苦，熟悉幼儿园的老师都知道，学前班是最难带领的班级，五六岁的孩子，"皮得讨狗嫌"，不管是男孩儿还是女孩儿都是"无敌破坏王"。教室里每天上演的要么是"古惑仔江湖"，要么是"速度与激情"，一些父母在家带一个孩子已经觉得非常辛苦和难缠了，而一个学前班老师要面对的是20多个调皮的孩童，往往会被搞到崩溃。果不其然，这一年，弟妹的嗓子每天都是哑的，嘴上一圈火泡就没停过。

最令弟妹难过的是一些父母的不理解。很多父母几乎不与学前班老师交流，他们认为孩子已经能够自理，剩下的教育工作就全靠老师了。很多孩子在家犯了错误，父母就会抱怨学前班老师："都快要上小学了，还犯这种错误，学前班老师是怎么教的？"

一年下来，弟妹的辛苦全家都看在眼里。本来以为弟妹会在下一个学年申请调离学前班，但是她没有。

"虽然很辛苦，但是学前班很多时候也是很轻松和温馨的，毕竟孩子大了。"

我完全能够理解弟妹的话。五六岁的孩子有时候会让人恼火，有时候又会很懂事。就比如，学前班最淘气的小宝看见弟妹嗓子哑了会说："老师，你嗓子怎么哑了，疼不疼？"

乖巧的小女孩还会向在医院工作的妈妈咨询，然后给弟妹温馨的建议："老师，我妈妈说你可以吃喉宝，多喝水，少说话。"

"如果你们能够做到两天乖乖的，老师的嗓子就会好了，愿不愿意为老师这样做？"

"愿意。"下面异口同声。

弟妹感动得稀里哗啦，但是嗓子并没有好，因为学前班的孩子们并没有做到。

这就是学前班，他们是五六岁的小大人，正处于幼小衔接阶段。这个阶段的孩子具备基本的自理能力、理解能力和表达能力。尽管很多时候他们不喜欢遵守命令和遵守纪律，但是他们能够理解命令和纪律，并且知道遵守纪律和命令是正确的，只是他们还没有足够的控制力来约束自己。

如果说幼儿园学前班阶段的老师，更多地实现的是生活照顾者的职责，然后才是教育者的职责，那么学前班老师的教育职责更为突出一些。等到孩子入小学，老师的职责基本体现在教育上。正因为如此，6岁是幼小衔接的关键一年。

6岁这一年，既是对幼儿阶段的总结，又是对小学阶段的铺垫。6岁的孩子身心发展也有着过渡性的特点。在生理上，他们生长迅速，身体更为灵活，能够独立完成的事情更多，但是不能够独立完成的事情也很多。比如他们可以很好地抓取东西，但是太高的东西又可能够不到，这样就很容易闯祸。如果不加以引导，不去教会他们方法，或是只是禁止他们触碰，孩子没有学到正确的做法，没有学到应该学的东西，他们的独立生活能力肯定会受到限制。在智力上，孩子所见所识都在拓宽，智力自然是飞速发展。孩子在入学前，没有培养起对学习的热情，在日后也很难对学习热爱和专注。在习惯养成方面，6岁以前孩子获得的习惯基本上来自于父母和幼儿园老师的约束。在6岁入学前，父母和老师的任务就是强化幼儿园阶段养成的良好习惯，如吃饭、睡觉、讲卫生等，并让孩子自觉自省地去形成好习惯。除此之外，6岁这年，一定要让孩子做到与父母"分离"，让孩子去适应小学新环境，完成从幼儿到学生的角色转换。

6岁是幼小衔接最关键的一年，不仅老师要认清这一点，父母也要认识到这一年的重要性。把孩子送进学前班并不意味着早期家庭教育的结束，父母不能放松，更不能撒手不管。

父母要和老师相互配合，根据孩子的生理和心理特点对其进行教育，当好孩子的家庭辅导员。

## 2. 让孩子提前了解小学新环境

我到一所小学对刚入学的一年级学生进行过一项调查，只有一个问题"一年级和幼儿园哪个好"，以下是孩子们的回答：

"幼儿园好，一年级老师总是叫我坐好。"

"一年级不好，上课的时间太长了。"

"幼儿园好，我还可以带芭比去上课。"

"幼儿园好，那里的小朋友我都认识。"

"一年级不好，老师也不教我们做手工和画画。"

"一年级教室的墙壁很难看。"

"上一年级，路太远了。"

全班30个小学生，几乎每个人都能说出一种一年级的不好，这种不好都是相对幼儿园来比较的。孩子们列举的种种不好都代表着他们在小学一年级的种种不适应。

小学的学习环境和活动条件与幼儿园有许多不同。因此，孩子从幼儿园进入小学，也要经历一系列重大变化。幼儿园的孩子以游戏为主要活动形式，处于受成人保护、养育的情况下，他们对社会还不负有任何责任，而小学则以学习为主要活动。

小学老师的任务是传道、授业、解惑，幼儿园老师的任务是寓教于活动和生活照顾中，氛围一个紧一个宽，内容一个重于学一个重于玩，前者是带着学艺的师傅和朋友，后者是照顾生活的教育启蒙者。进入小学，孩子们会受到更多的约束，主要活动不再是游戏，而要学习更多的知识和本领。新的教育条件和生活条件对孩子们提出更高、更新的要求，这对新入学的孩子是有一定难度的。所以孩子们才会说出特别多"一年级的不好"。总结起来，孩子进入一年级的不适应主要表现在学习时间变长、游戏时间变短、独立处理人际关系问题等。

作为父母，要知道6岁这一年，孩子的生活和学习环境将要有一个重大变化，我们不能像对待幼儿园小朋友那样对待即将入学或是已经上一年级的学生。那么父母应该怎么帮助孩子适应新的环境呢？

**第一，入学前带孩子熟悉环境。**

不管孩子去哪所小学，父母都要提前帮孩子熟悉环境。父母可以带孩子熟悉学校里面的布局，教室在哪里，卫生间在哪里，操场在哪里，老师的办公楼在哪，都有哪些运动设施。询问孩子喜欢坐在哪个位置，想要带什么东西到学校，希望和哪个小朋友坐在一起。还要熟悉学校周边的环境，到学校的路线。让孩子对学校和上学有全方位、明晰的概念。

此外，还要让孩子熟悉学校和课堂的一些规定。比如，可以带哪些东西进入学校，不可以带哪些东西；上课的时候不可以随意说话、走动、吃东西，需要帮助和有疑问时要举手；老师要求做的事情要努力做好，学校的眼保健操和体育运动要积极参加；进入小学还要负责擦黑板和打扫教室卫生；优秀的学生还可以竞选课代表和班委员。父母提前和孩子熟悉这些规定，并鼓励孩子去做一个遵守纪律的好学生。

第二，提前调整作息时间，让孩子适应小学生活和学习作息。

小学的作息时间和幼儿园的作息时间是完全不同的。幼儿园基本上每天只有一两个小时的集体教学时间，所教授的内容也是相当简单的启蒙知识，剩下的时间是游戏、劳动和生活时间。而小学的集体教学每天达到六七个小时，每周大约上25节课，这和幼儿园的作息时间相差很大。

为了避免孩子入学后在作息时间上出现不适应，父母在孩子入学前应该适当帮助孩子调整作息时间，建立和小学比较相符的生活常规：保证10个小时睡眠，按时睡觉，按时起床，指导孩子合理安排时间。也要对孩子进行一些耐性和自控力方面的训练，做事情最好以40分钟为界限，让他对40分钟有清晰的认识。

## 3. 帮孩子完成"幼小衔接期"的角色转变

所谓"幼小衔接期"，是指孩子从幼儿园升入小学的最初阶段，其时间跨度从幼儿园持续到小学低年级。处于"幼小衔接期"的孩子，往往会出现贪玩、注意力不集中、没有时间观念、没有规则意识等种种不适应症状，令家长们苦恼。

为什么会出现这种情况呢？原来孩子由幼儿园进入小学，并非仅仅是升学这么简单的概念，他们要面对一些对他们而言甚至稍显痛苦的"断层"。

**第一，关系人和行为规范的断层。**

幼儿园老师和小学老师的角色定位是不同的，相对于被称为"第二妈妈"的幼儿园老师而言，小学老师对孩子要求更严格，学习期望更高。而随之衍生的结果就是孩子进入小学后，必须学会正确地认识自己，融入集体，他们以往的感性将渐渐被理性和规则所代替。这种关系人和行为规范的变换，对孩子的压力是不言而喻的。

**第二，学习方式的断层。**

在幼儿园中，老师更注重孩子情感及心理的健康发展，他们将娱乐融入教学，并通过游戏形式来达到教学目的。进入小学以后，孩子们将逐渐脱离以往那种寓教于乐的教学模式，转而进入相对乏味的学科课程。孩子面对比幼儿园更重的压力，如果家长和老师这时忽视孩子的心理及情感转变，就会导致孩子出现诸多问题。

**第三，社会结构的断层。**

孩子进入小学后与幼儿园的友伴分离，需要重新建立新的人际关系，结交新朋友，重新寻找自己在团体中的位置并为团体所认同。孩子如果在这方面没有处理好，很容易出现自卑、胆小、厌恶交际等心理问题。

由于上述原因，有些孩子在进入小学阶段后开始出现不适应症状：为了寻求心理上的平衡，一部分孩子会选择重拾"幼儿园乐趣"，继续将"玩"当成自己的主要任务；一部分孩子会对学校及老师产生抵触心理；

面对压力，还有一些孩子会表现出极度的不自信。

由此不难看出，"幼小衔接期"完全可以称得上是孩子人生的一个关键转折点，其影响力不亚于"小升初"或是考大学。既然"幼小衔接期"在孩子的人生中占有如此重要的分量，那么，作为家长又该如何引导孩子顺利渡过这一关键时期呢？

**方法一：引导孩子认识到角色的转变。**

孩子"幼升小"的第一个变化，就是身份的转换。家长首先要重视这一点，在孩子进入小学之前，适当地对孩子进行"学前激励"，激发孩子的入学欲望，唤起孩子的入学热情，使他对新的学习生活充满期待。不过，有很多家长虽然注意到了这一点，可是方法却有问题，他们往往会这样对孩子进行"学前激励"：

"小学比幼儿园可强多了，有更多的小朋友，可好玩了！"

"进入小学，你就是小学生了，弟弟妹妹们会很羡慕你的。"

"到了小学，可以学习更多知识，很多你不懂的问题就能找到答案了。"

……

然而，真正踏入小学，发现家长所描绘的场景与现实不符时，大部分的孩子会感到极度失望，进而将心目中的美好期望全部否定，甚至会对学校和老师产生抵触情绪。可以说，这样的激励效果恰恰适得其反。

在这方面，有一位妈妈做得就非常好，让我们听听她们怎么说的：

我在儿子上小学之前，并没有过多地向他描述甚至夸大小学生活的乐趣，只是简单地告诉他："小学不同于幼儿园，上了小学以后，你就要让自己变得更懂事。"

开学的前一天，我带着儿子前往学校熟悉环境。走过操场、办公室、教学楼，最后我们停在了光荣榜前。我用手指着光荣榜对儿子说："你知道这些哥哥姐姐的相片为什么会贴在这里吗？"儿子摇头。

于是，我告诉他："这个叫作'光荣榜'，与你在幼儿园的'小红花'差不多。不过，幼儿园的小红花只要听话一点儿，做点小事情就可以得到，而要想登上光荣榜，就一定要品学兼优才行。儿子，在幼儿园里你是'宝宝'，有老师照顾你，多数时间都在玩，到了这里，你就是'学生'了，要慢慢学会照顾自己，要遵守学校纪律，还要将更多的时间用在学习上，这样你才能像哥哥姐姐一样，把自己最漂亮的相片贴在这里。你能做到吗？"

儿子不住地点头，眼中充满光彩："妈妈，我也要把自己最漂亮的相片贴在这里，让小朋友们都认识我。"

我知道，儿子对小学生活已经充满了期待。

这位妈妈非常聪明，她采用心理战术，让孩子在感受到角色变化的同时，又对小学生活充满了期待，进而在心理上真正接受了小学。

**方法二：引导孩子将兴趣从玩具转移到课堂上去。**

孩子离开幼儿园进入小学后，大多不能很快适应那种相对紧张的学习氛围。于是，他们开始抱怨，开始坐立不安，开始厌烦学习，开始请求家长让自己重新回到幼儿园。面对孩子的这种变化，家长要给予孩子一种理解和认同，同时引导孩子去发现课堂的乐趣。

有这样一位妈妈，在激发孩子课堂兴趣方面，有一套独到的方法：

儿子上小学以后，学习兴趣总是不高。一天，他对我说："妈妈，上课真没劲，没有玩具，不能随便动，只有老师一个人在说，我们只能傻坐着。而且课间休息时间那么短，上趟厕所就没时间玩了。"

看着儿子撅起的小嘴，我故作惊讶地说："不可能啊，妈妈当时上小学的时候，觉得上课很有趣啊，比你看的动画片有趣多了。要不然明天你也试着认真听一下课，看看有没有什么有趣的发现？"

儿子听后，半信半疑地点了点头。几天后，儿子放学回来，兴冲冲地跑到我面前说道："妈妈，上课确实挺有趣的。你猜今天老师说'告'字是什么？哈哈，她说'告'是'一口咬掉牛尾巴'。"

很明显，这位妈妈成功的关键就在于，她能够抓住孩子感性、猎趣的心理，因势利导，首先认同孩子的感受，然后借助孩子的方式来调动孩子的听课欲望，从而使他真正爱上了没有玩具的课堂。

**方法三：让孩子成为一只自信高歌的百灵鸟。**

一位妈妈曾这样向我诉苦：

女儿在幼儿园时，表现非常好，活泼可爱，但是不知为何，自从上小学以后，变得越来越自卑、胆小。她很怕和老师接触，上课时不敢回答问题，有了事情也不敢对老师说。有一次，老师叫她回答一道很简单的数学题，她本来知道答案，但就是因为胆小、不自信，便低着头一言不发，最后竟哭了出来。我真不知道该怎样才能使她变得自信起来。

这个女孩儿所遇到的问题，应该引起我们每一位妈妈的重视。孩子进入"幼小衔接期"以后，面对环境的瞬间转换，一时间会感到很难适应。这时，一部分孩子在陌生环境下就会变得无所适从，分不清自己是对是错。他们不敢回答老师的问题，不敢与老师正面接触，变得越发不自信起来。如果这时妈妈对孩子的关注不够，就会使孩子"越陷越深"，渐渐变得在困难面前习惯性地选择逃避与退缩。如果任其发展，就会对孩子的一生造成不可估量的负面影响。

事实上，处在幼小衔接期的孩子虽然很容易自卑，但同时又很容易获得自信，只要家长准确掌握孩子在这一时期的心理动向，根据其特点，有针对性地采取一些引导措施，孩子就会摇身一变成为一只自信高歌的百灵鸟。所以，家长在平时要多给予孩子肯定的评价。比如孩子做完一件事，家长要告诉他"你做得很好""你真不错"，慢慢地让他相信自己是可以做好很多事情的。此外，家长还可以培养孩子一项特长，这样一来，他的自信心也会在很大程度上被激发出来……

## 4. 幼小衔接期是孩子认识社会的萌芽期

我们把一个人从出生到成人的过程称为"社会化"。一个人在刚刚出生时可以说是"动物人"，在成长过程中通过人与人之间的相互作用和相互影响，才慢慢从"动物人"变成"社会人"。

对于1~2年级的孩子来说，小学就是他们的另一个"小社会"。在这个"小社会"里，他们要明白什么是纪律、什么是准则、如何和老师与同学打交道、如何应对各种困难、如何对待别人、如何保护自己等，而这些事情的解决方式和方法将会影响孩子的一生，成为孩子真正走向社会之后的行为模式和习惯。

如何知道孩子的社会化程度呢？美国精神病学会给儿童制定的"社会化"诊断标准很有参考价值：

至少有一个同龄朋友，并且友谊至少维持6个月；

在看不到有什么好处的情况下能够主动帮助别人；

做了错事，造成了明显的不良后果，但在未被人发现的时候，能够主动认错；

别人做了对自己不利的事时，能够原谅别人，不指责也不告状；

对朋友或同伴表示关心，或者能够分享别人的幸福和快乐，如为别人生日、考试优秀、获奖等感到高兴，主动向别人祝贺。

孩子进入学校，等于社会化的第一步。很多孩子刚步入校门时往往不太适应，就如同刚上幼儿园时一样哭闹和挣扎。可是，这一切都没办法，都是成长的需要。孩子必须尽快地融入班集体，必须让自己的状态符合学校环境，否则，孩子的学习不仅会受到影响，而且会对性格和心理造成不良影响。其实，这就是一种简单的社会化培养。孩子进入陌生的地方，就要与环境发生关系，关系处理得好，孩子就会健康成长。那么，如何既让孩子走得出去，又让他的性格不扭曲呢？

**第一，善于和孩子沟通，从小培养良好的品行。**

其实学校就是一个小社会，在这里所学的不仅是知识，跟同学和老师如何相处，如何交流沟通，都是需要慢慢学习的。

一位家长这样说：有时候女儿回家和我念叨不喜欢某个同学，我问为什么，女儿就能说出一堆那个同学的不是，但是我让她举个该同学的优点，女儿说暂时还没有发现，我就让她回学校观察一周。一周后，女儿回来告诉我，其实这个同学挺有爱心的，从家里给班里拿垃圾袋。通过这样一件小事，我就告诉女儿：每个人都有自己的优点，也都有自己的缺点，不要老看别人的短处，那样你总是觉得人家不好，但如果你发现他的优点，也会觉得这个同学还是很可爱的。

只要妈妈细心一点儿，及时跟孩子沟通，让孩子把自己的想法说出来，就能及时发现孩子的问题。每个孩子都有成长的过程，通过这些交流，慢慢地使他们认识社会、培养自己的品行。

**第二，让孩子多参加集体活动。**

如果孩子在学校有能力参与学校的集体活动，或者是做班干部管理同学，家长就应该全力支持孩子去做，并且协助孩子去完成这些任务，这对孩子社会能力的培养有很大帮助，同时孩子在完成这些事情的时候，还能够获得一种自信。

一位妈妈分享了自己的教子经验:

自从儿子二年级时当上了班干部,上学的积极性明显比以前高了许多。现在即使老师不在,他和其他几个班干部都能把同学管得好好的,这让老师感到特别欣慰。其实儿子的性格本来是挺内向的,但是现在比上一年级的时候开朗活泼多了,而且做事也很有条理,在同学中的威望很高。

所以,家长平时要鼓励孩子帮助同学和老师做一些力所能及的事,这样一来,孩子在学校生活中就会有更多的发展空间。

**第三,让孩子明白"规则"的重要性。**

从年龄上来看,一二年级的孩子大多数都能准确地接受家长和老师所传达的指令,新的规则刚下来,便开始自己新的学习和生活。而现在的孩子大多是独生子女,生活在优越的环境里,独自长大,缺乏社会交往经验,所以,妈妈在教育孩子的过程中就要尽可能地告诉他遵守社会规则,这样,孩子走入社会才不至于因反差太大而不能适应。

有位妈妈说:"儿子是爷爷奶奶带大的,很骄纵。孩子打爷爷脸,爷爷还很开心。结果,孩子进了幼儿园,随手就打小朋友的脸。他以为打脸不是冒犯别人,不是坏行为,是正常的人际交往手段。这真是让人哭笑不得。"

很显然,这位爷爷的教育方法是不对的,他没有告诉孩子,打脸是一种不好的行为,是不被允许的。

而有一位妈妈是这样让孩子懂得规则的重要性的:

儿子跟爸爸的打斗游戏很重要,这时候,我和老公就趁此机会教给他一些规则,如不许打脸,不许抓头发,这是游戏,不能把爸爸打疼了。问题严重的时候,我还要拉下脸来,狠狠训斥。我还会告诉他,比赛必须按规则进行,输赢都要承担,否则,没人跟你玩。

经过这样的教育,孩子自然就知道了什么能做,什么不能做,明白什么叫规则。比如家长平时要告诉孩子：粗野、粗俗的行为不能有，别人的东西不可以拿，不可以打扰别人，做错事要道歉等。

李开复先生说："虽然我相信启发式教育的优越性，但我同时也相信严格管教的必要，孩子们的成长既需要启发，也需要纪律和规矩。"关于"规矩"，他总结出了4条定律：

定好规矩，但首先要把与规矩相关的道理讲清楚，不能盲目地要求孩子服从。

在规矩的限制范围内，孩子有完全的自由。

违背了规矩，孩子将受到预先讲好的惩罚。

规矩越少越好，这样才能发挥启发的功效。

家长不妨借鉴一下，在保证孩子快乐成长的同时让他懂得一定的规则。

## 5. 送给孩子最好的礼物：选一所最合适的学校

很多准备进入小学学习的孩子，其实提前几个月就已经进入了"择校备战期"。作为家长，为了不让孩子输在起跑线上，早早地便加入择校大军中。很多家长反映，为孩子选择学校是一件非常累心的事。其实，只要遵循以下几条原则，妈妈们就可以为孩子们选择一所适合他们的学校。

**第一，家庭条件力所能及。**

在不少家长的眼里，公办学校要比私立学校好得多。现在，这种观念需要改一改了，除了公办小学，民办私立小学也是一个不错的选择。当然，相比于公办学校，私立学校收费可能要高出很多。至于为孩子选择什么学校，在考虑教学设施、师资力量等软硬件的同时，还要根据自己的实际情况来选择。对一般的工薪阶层来说，选择私立学校可能会加重家庭的经济负担。家长们应该清楚的是，最贵的学校不一定是最适合自己孩子的学校，比如艺术特色学校、双语特色学校、体育特色学校，家长们应该根据孩子的实际情况来选择，不要好高骛远。

**第二，明确大、小班利弊。**

有的学校有大班和小班之分，这也会左右家长们的选择。大小班之所以能牵动家长们的神经，是因为班级大小设置各有不同，会直接影响孩子获得知识的途径。一般名校往往是大班教学，一个班可能有几十个孩子，优势是师资水平较高，缺点是老师很难面面俱到。小班的师资可能不那么优异，但是可以给孩子比较精细的教育和辅导。因此，妈妈在为孩子选择大班还是小班时，一定要根据孩子的学习能力尤其是领悟能力和接受能力来选择。如果孩子接受能力强，有一定的自觉性和自律性，那么大班是一个不错的选择；如果孩子成绩一般，自觉性和主动性又较弱，就不妨让孩子上小班。

**第三，看学校要立足眼前。**

家长们在给孩子选择学校时主要关注那些口碑和排名靠前的几个学校。在不少家长的眼里，选择上升势头强的学校，师资力量和教育资源相对更完善，教学水平高，孩子也将从中获益，对孩子日后的升学有很大的帮助。

的确，相比于一般的学校，优秀的学校除了注重教授孩子正常的知识外，还常常立足于长远，比如有的学校就会给孩子设置一些兴趣课，这些课程的设置和授课内容都是按照对应的初中入学要求来设置的。

但依靠排名和口碑选择学校也不是绝对的方法，一些小学经过改革和优化，发生了显著的变化，教育质量和综合能力很可能会迅速地提升。因此，家长们不必过于看重学校历史的排名，而更应该多关注"眼前"，看学校的教学内容和风格是否真正适合孩子。

**第四，选择寄宿要因人而异。**

有的时候，家长终于找到一个教育资源比较有优势的、适合自己孩子读书的学校，但是又离家太远了。为了让孩子上好学校，不少家长宁愿让孩子寄宿。但是对于刚刚上小学的孩子来说，他是否能迅速适应寄宿生活，是否能做到"独立"，妈妈要好好考虑一下。如果选择寄宿，一定要选择全员寄宿或有单独寄宿班级的学校，这样可以最大限度地减少孩子每天的心理波动。总之，选择寄宿也要慎重。

**第五，好老师胜过好学校。**

再好的学校，也有很普通的老师；再差的学校，往往也有一些富有爱心、责任心强、教学得法的优秀教师。家长们在给孩子选择学校的时候，不能仅仅冲着学校的排名而来，更应该看重这些学校的师资是不是很好，是否适合孩子。

总之，选择一所小学，对孩子将来的发展有着非常重要的影响。对于即将步入小学生活的孩子们来讲，一所适合他们的小学，就是家长送给他们最好的礼物。